여러분 사랑!
여러분 지랑!
2020. 5
서영지기, 김서양

생수를 마셔라

생수를 마셔라

지은이 | 최성은
초판 발행 | 2020. 02. 05
8쇄 발행 | 2023. 09. 15
등록번호 | 제1988-000080호
등록된 곳 | 서울특별시 용산구 서빙고로65길 38
발행처 | 사단법인 두란노서원
영업부 | 2078-3352   FAX | 080-749-3705
출판부 | 2078-3331

책값은 뒤표지에 있습니다.
ISBN 978-89-531-3672-4 03230

독자의 의견을 기다립니다.
tpress@duranno.com   www.duranno.com

두란노서원은 바울 사도가 3차 전도여행 때 에베소에서 성령 받은 제자들을 따로 세워 하나님의 말씀으로 양육하던 장소입니다. 사도행전 19장 8-20절의 정신에 따라 첫째 목회자를 돕는 사역과 평신도를 훈련시키는 사역, 둘째 세계선교(TIM)와 문서선교(단행본·잡지) 사역, 셋째 예수문화 및 경배와 찬양 사역, 그리고 가정·상담 사역 등을 감당하고 있습니다. 1980년 12월 22일에 창립된 두란노서원은 주님 오실 때까지 이 사역들을 계속할 것입니다.

생수를 마셔라

마실수록
목마른 세상에서
하나님을
채우다

최성은
지음

40th 두란노
우리는함께 40주년
1980-2020

CONTENTS

이동원 지구촌교회 원로목사

지금 우리가 사는 시대를 포스트모던 시대라고 합니다. 이 시대를 다른 말로 하면 절대적 가치에 목말라하는 시대입니다. 이 시대에 우리는 스스로 모든 가치를 상대화하고 말았습니다. 아무것도 믿을 수 없다고 선언해 놓고 믿을 것을 찾고 있습니다. 이 역설의 시대에서 사람들은 피곤하고 목말라합니다. 최성은 목사님은 이들에게 예수가 대답이라고 말합니다. 그가 바로 목마른 자들을 위한 유일한 생수라고 말합니다. 그는 직설적으로 복음을 설득하고 복음을 선포합니다. 나는 그의 메시지로 많은 목마른 이들이 해갈하는 모습을 보았습니다. 이 책은 요한복음의 강해적 성격을 갖지만 그 이상으로 복음에 천착합니다. 이 책이 이 시대 목마른 이들의 해갈의 우물이 될 것입니다. 주변에 목마른 많은 이웃들이 이 책을 읽었으면 좋겠습니다. 설교로 복음을 만나지 못한 이들이 이 책으로 복음을 만나기를 바랍니다. 그리고 아직 우리가 절망할 이유가 없다는 것을 알았으면 합니다. 이 책이 생수를 마신 이들의 간증으로 이어지기를 기대합니다.

김양재 우리들교회 담임목사

성령 안에서 늘 교제하는 최성은 목사님의 책이 나와서 너무나 반갑습니다. 요한복음 4장을 다룬 이 책은, 마셔도 마셔도 목이 타는, 삶이 고달픈 수가성 여인이 주님을 만나면서부터 치료와 회복을 체험하고, 그 기쁨과 변화로 인하여 물동이를 버려두고 동네로 들어가서 "와서 보라" 하며 그리스도를 전하게 된 이야기를 통해 우리 믿음의 사람들이 걸어가야 할 신앙의 여정을 잘 풀어내고 있습니다.

'생수를 마셔라'라는 이 책의 제목과 수가성 여인의 삶이 보여 주듯이, 우리 역시 어떠한 과정을 통해 주님을 만났든지 간에 주님이 주시는 생수, 영원히 목마르지 아니하는 영생의 샘물을 마심으로 치료와 회복과 기쁨과 변화를 경험했다면, 이제 그 은혜로 말미암아 주님을 예배하고 전하는 삶을 살아야 할 것입니다.

우리 믿음의 형제자매들은 물론이고, 아직 예수를 만나지 못한 초신자나 아예 믿음이 없는 불신자들, 특히나 소외된 자, 외로운 자에 이르기까지 너나없이 겪어야 하는 목마른 삶의 문제를 다룬 이 책을 통해 최 목사님은 특히 "이 비참하고 고통스러운 여인의 입에서 '예배'라는 거룩한 주제가 나왔다, 이야말로 놀라운 고백이 아닐 수 없다"고 강조합니다. 그렇습니다. 하나님의 예배에는 누구도 차별이 없습니다. 주님이 찾아오시면 예배가 회복되는 놀라운 일을 겪게 됩니다.

　이미 오래전부터 소외된 이웃을 경험하고, 환난당하고 원통하고 빚진 자를 섬기는 사역을 해 오며 삶의 목마른 문제를 그 누구보다 체휼하는 최성은 목사님의 생수 같은 메시지들을 통해 모든 독자님들이 영원히 목마르지 않는 영생의 샘물을 얻게 될 줄 믿으며, 또 반드시 그리되시기를 축원합니다.

김형준 동안교회 담임목사

최성은 목사님은 모태신앙인이면서 인생의 갈증을 겪은 분입니다. 사마리아 수가성 여인의 이야기는 최 목사님이 주님을 만나고 변화된 과정과 다르지 않습니다. 그래서 더더욱 독자는 이 책을 읽어 내려가는 동안 채워도 채워도 부족한 내 인생의 물동이를 내던지고 주님께 달려가는 자신을 발견하게 될 것입니다. 그리고 여전히 은혜에 목말라하는 최 목사님의 간절함으로 인해 다음 이야기를 기대하게 될 것입니다. 사마리아 수가성 여인이 주님을 만난 감격을 함께 노래하게 되기를 바랍니다.

고명진 기독교한국침례회 중앙교회 담임목사

온갖 상처를 가지고 지독한 외로움으로 인생을 살던 수가성의 한 여인이 있었습니다. 사람들의 낯을 피해 늘 혼자였던 여인에게 예수 그리스도가 찾아오셨습니다. 수가성 여인의 이야기가 가슴 절절히 다가오는 것은 오늘을 사는 우리의 인생과 비슷하기 때문입니다.

영적으로 황무한 이 시대에 타는 목마름을 가지고 사는 우리에게도 하늘의 생수가 필요합니다. 최성은 목사님의 뜨거운 마음과 눈물이 담겨 있는 이 책을 통해 영원한 생수이신 예수 그리스도를 경험하게 될 것입니다.

이재훈 온누리교회 담임목사

목마른 사람에게 냉장고에 든 시원한 물을 설명하는 것은 소용없는 일입니다. 설명이 수려할수록 어리석은 일이 될 것입니다. 목마른 사람에게 가장 긴급한 일은 시원한 물을 마실 수 있게 도와주는 것입니다. 최성은 목사님의 《생수를 마셔라》는 목마른 자신이 먼저 생수를 마신 경험으로 또 다른 이들이 생수를 마실 수 있도록 돕는 가이드로서 충분한 책입니다. 지구촌교회 담임목사로 부임한 최성은 목사님은 취임식 때부터 지금까지 매우 짧은 기간 동안 지구촌교회 성도들을 생수를 마시는 경험으로 인도하고 있습니다. 또한 생수와 탄산음료를 구분하지 못하는 이 땅의 수많은 성도들에게 복음을 통해 올바른 분별력을 갖도록 돕고 있습니다. 이 책은 죄와 상처로 얼룩져 스스로 절망의 웅덩이를 파고 있는 이들을 어린양의 보좌로부터 흘러나오는 생수의 강으로 이끕니다. 최성은 목사님이 체험하고 초대하는 이 생수의 강에 함께 뛰어드는 분은 축복의 삶을 누리게 될 것입니다.

오염된 물을 버리고
하늘의 생수를 갈망하라

Drink Livingwater

해외 리서치 기관인 '디스카우트'(Dscout)의 보고서(2016)에 따르면, 스마트폰 이용자는 하루 평균 2,617회를 만지며, 극단적인 사용자는 일반 사용자의 두 배인 5,400번 이상을 터치한다고 합니다. 연간으로 환산하면 평균 백만 번 이상 스마트폰과 상호작용하는 셈입니다.

이러한 영향으로 유튜브나 인스타그램은 지금 세대들의 일상과 떼려야 뗄 수 없는 중요한 소통의 도구가 되었습니다. 실제로 그들은 하루가 멀다 하고, 자신이 즐기고 좋아하며 자랑하고 싶은 사진이나 영상을 실시간으로 업로드하며 다수의 사람들과 공유하고 있습니다. 이는 또한 젊은 세대들뿐 아니라 모든 세대의 삶에 깊이 들어와 있습니다.

얼마 전 저희 가족 3대가 식사를 하는 자리에서 바둑 천재 이세돌 기사가 인공지능(AI) 알파고와의 바둑대국에서 패한 이야기가 화제가 되었던 적이 있습니다. 바둑은 자신과 상대방의 가능한 수를 얼마나 정확하게 예측하느냐에 따라 승패가 갈리는 게임입니다. 수많은 훈련과 경험을 쌓아야 미래를 내다보는 지혜가 생기는 것인데, 인공지능이 바둑 천재를 이긴 것입니다.

여든을 바라보는 나이지만 블로그도 운영할 정도로 컴퓨터를 잘 다루시는 저의 아버지가 이러한 인공지능이나 새로운 테크놀로지에 대해 어떻게 생각하느냐고 물었습니다. 문화와 생각은 여전히 아날로그 세대에 머물러 있는 아버지에게 이러한 현상이 꽤나 충격적이었던 것 같습니다.

나이 쉰을 갓 넘긴 저희 세대의 경우, 성향이나 직업군에 따라 새로운 테크놀로지에 익숙한 이들도 있지만, 인터넷이나 스마트폰 사용과 SNS를 통한 소통 방식에 부담을 느끼는 이들도 있습니다. 하지만 미국에서 태어나 대학을 다니고 있는 저의 딸은 할아버지의 질문에 대해 자기 세대는 그런 현상에 대해 거부감이 없으며 오히려 편안함을 느낀다고 말했습니다. 자기 세대는 개인의 편안함이 방해받는 것을 싫어하고 새로운 문명과 기술에 대한 의존도가 높은 반면 오히려 관계 속에서 외로움을 느끼고 상처를 많이 받는다고 말했습니다.

인공지능이 지혜의 자리를 차지할 만큼 기술이 고도화되고 다양한 방식의 소통이 가능한 스마트폰이 우리의 일상이 되었지만, 여전히 내면의 갈증은 해결되지 않고 있습니다. 하루에 2,600회 이상 열어 보는 스마트폰의 작은 화면 속 그 어디에도 사람과 사람이 만나는 친밀감을 느낄 수는 없습니다. 그 어디에도 서로를 안아 주고, 서로를 만져 주며, 서로를 위해 기도하며 울어 주는 사랑은 보이지 않습니다. 그만큼 외로운 시대입니다.

저의 아버지와 딸의 대화를 통해 이 부분이 더욱 명확해졌습니다. 지금은 어느 시대보다 영적인 갈증이 심각한 때입니다. 세상의 생수를 거듭 마셔도 갈증 해소는 그때뿐입니다. 소금과 같은 불순물이 들어 있는 바닷물을 마시고 있기 때문입니다.

홍수가 나면 사방이 물로 가득 찹니다. 하지만 정작 그 물을 마실 수는 없습니다. 여전히 생수는 부족한 것입니다. 어느 때보다 생수에 목이 마른 시대이지만 우리 인생의 갈증을 해갈할 수 있는 생수는 이 땅이 아닌 하늘로부터 오는 생수뿐입니다.

예수님은 2천 년 전 외로움과 상처로 지친 수가성 여인을 찾아가셨습니다. 그리고 여인에게 꼭 맞는 처방을 주셨습니다. 예수님의 이 처방은 인공지능이 지혜를 대신하고 스마트폰이 관계와 소통의 자리를 차지하면서 마음을 병들게 하는 지금, 꼭 필요한 처방입니다.

그래서 수가성 여인의 이야기는 어디에서 증거되든지 목마른 영혼들이 치유되고 살아나는 역사를 경험케 합니다. 예수님이 외로움과 상처로 삶에 지친 한 여인을 향해 하신 다음 말씀이 지금도 저의 귀에 쟁쟁합니다.

13 예수께서 대답하여 이르시되 이 물을 마시는 자마다 다시 목마르려니와 14 내가 주는 물을 마시는 자는 영원히 목마르지 아니하리니 내가 주는 물은 그 속에서 영생하도록 솟아나는 샘물이 되리라 요 4:13-14

갈수록 인공지능에 의존하고 온라인 세상에 시선을 빼앗기는, 그래서 절대 인간적이지 못한 오늘날 정말 필요한 말씀입니다. 세상의 그 어떤 것으로도 우리의 갈증을 해결할 수 없습니다. 모쪼록 이 수가성 여인의 이야기를 통하여 참된 생수이신 예수님을 다시 한 번 깊게 만나시기를 기도합니다. 그리고 다시는 목마르지 않을 생수로 충만하시기를 축복합니다.

27세에 고국을 떠났다가 24년 만에 귀국하여 처음 쓴 책이라 많이 부족합니다. 그러나 저의 인생 깊숙이 찾아오신 예수님의 은혜를 수가성 여인의 이야기 속에서 함께 나누고자 합니다. 이 책이 나오기까지 수고해 주신 지구촌교회 목양실 스

텝들과 두란노 출판부, 늘 새벽마다 아들의 목회를 위해 기도하시는 부모님들 늘 삶의 기쁨과 활력소, 설교 예화가 되어 준 사랑하는 예림이와 예담이 그리고 함께 사역하며 바쁜 가사(家事) 속에서도 모든 설교 원고를 꼼꼼히 챙겨 주는 저의 가장 큰 동역자요 사랑하는 아내인 한수진 사모에게 큰 감사를 드립니다.

영원한 생수지기

최성은 목사 드림

"말씀충전" 영상 보기

Chapter 1
만남

"마셔도 마셔도 목이 탑니다"

_ 요 4:3-15

우연한 만남은 없다

제가 미국 가기 전, 그러니까 30년 전에 농어촌의 할머니 할아버지가 게임도 하고 낱말 퀴즈도 푸는 TV 프로그램을 본 적이 있습니다.

"우리 같은 사이를 무엇이라고 하죠?"

어떤 낱말을 설명하면 할아버지가 맞히는 게임에서 할머니가 이같이 물었습니다. 그러자 할아버지가 단 1초도 망설이지 않고 "웬수"라고 대답했습니다. 그러자 할머니가 "네 글자요, 네 글자!" 하고 외쳤고 할아버지는 "평생 웬수"라고 답했습니다. 60년을 함께 산 지기를 '평생 웬수'라고 부르다니, 웃자고 하는 말인 줄 알면서도 서글픈 마음이 들었습니다. 만남을 통해서 가족과 친지가 되었다면 이왕이면 좋은 관계를 맺는 게 좋지 않을까요?

정신분석학자인 이무석 교수님이 쓴 《30년 만의 휴식》에 나오는 이야기를 소개할까 합니다.

"사람의 영혼은 다른 사람의 인정과 사랑을 먹고 산다. 어릴 때 부모로부터 충분한 사랑과 인정을 받고 자란 사람은 장성해서 성숙한 사람으로 살아간다. 그러나 세상에 그런 가정이 많지 않은 것이 문제다. 그래서 사랑과 인정에 굶주린 채 많은 사람이 어른이 되어 있다. 우리는 어릴 때 채워지지 못한 인정과 사랑을 받으려고 필사적으로 노력한다. 모든 것을 바쳐서 성공하고자 하는 것도 사실은 그 성공을 통해서 인정받고 싶고 사랑받고 싶기 때문이다."

백번 공감이 되는 내용입니다. 사람은 사는 동안 지치지도 않고 인정과 사랑을 받고 싶어 합니다. 그것이 충족되지 않으면 참 힘이 듭니다. 외롭고 고독하고 슬픕니다. 그런 점에서 인간은 언제나 목이 마른 존재입니다. 실제로 하루만 물을 안 마셔도 몸에서 반응이 나타나서 죽을 것만 같습니다. 2~3일

안 마시면 쓰러질 수 있습니다. 영적인 목마름도 마찬가지입니다. 물이 모자라면 육체가 반응하듯이 마음에 사랑과 관심이 충족되지 않으면 영혼이 힘들고 고통스럽습니다.

그래서 우리는 인생을 살면서 수많은 만남을 시도합니다. 영혼의 갈급함을 채우기 위해 노력하는 것입니다. 그것이 사람이든, 어떤 사물이든, 장소든, 환경이든, 무엇인가 내가 인정받을 수 있는 사람과 환경과 장소에 표출되어서 만남을 시도합니다.

'만남' 하니까 제가 미국에 처음 갔을 때가 생각납니다. 이민 생활은 사실 공항에서 누구를 만나느냐에 따라서 직업이 달라진다고 했었습니다. 한국에서 무엇을 했든지 상관이 없습니다. 공항에서 슈퍼마켓 사장님을 만나면 슈퍼마켓에서 일하는 것이 90% 이상입니다. 세탁소 주인을 만나면 세탁소 일이 직업이 되는 것이고, 주유소 주인을 만나면 주유소 일이 직업이 될 확률이 굉장히 높습니다. 제가 인디애나주 공항에 도착했을 때 처음 마중나온 분이 목사님이었습니다. 그래서 저는 목사가 되었습니다. 농담입니다. 이처럼 인생에서 누구를 만나느냐가 얼마나 중요한지 모릅니다.

요한복음에는 일생일대의 만남을 가진 여인의 이야기가 나옵니다. 이 만남은 여인이 계획한 것이 아니었습니다. 우연이었습니다. 하지만 예수님 입장에서 이 만남은 결코 우연이 아니었습니다.

3 유대를 떠나사 다시 갈릴리로 가실새 4 사마리아를 통과하여야 하겠는지라 요 4:3-4

성경은 예수님이 갈릴리로 가실 때 일부러 사마리아를 들러서 갔다고 증언하고 있습니다. 예수님이 어떤 목적을 가지고 사마리아에 갔다는 것입니다.

예수님은 이 여정 전에 무엇을 하셨을까요? 유월절에 예루살렘에 가서 거룩한 분노를 터트리며 성전을 정결하게 하셨습니다. 그리고 니고데모라는 바리새인을 만나 영생에 관한 가르침을 주셨습니다. 그런 뒤 예루살렘을 나와 유대 지역을 거쳐 예수님의 고향 갈릴리 나사렛으로 향하셨습니다. 이스라엘의 지도를 보면, 이 길을 갈 때 가장 빠른 방법은 중간에 사마리아를 통과해서 갈릴리로 가는 것입니다.

하지만 유대인들은 이 빠른 길을 절대 가지 않았습니다. 이 길보다 시간이 거의 두 배나 더 걸리는 요단강 동편 베레아를 통과해서 갈릴리로 갔습니다. 이유는 사마리아인에 대한 혐오 때문이었습니다. 유대인이 사마리아인을 혐오한 이유는 역사를 살펴보아야 합니다.

사마리아는 구약시대에 북이스라엘의 수도였습니다. 주전 722년 북이스라엘은 신흥 강대국 앗수르에 의해 멸망당하고 맙니다. 이때 앗수르는 북이스라엘의 백성을 포로로 사로잡아 다른 지역으로 끌고 갔습니다. 그리고 북이스라엘 땅에는 다른 지역의 포로들을 데려와 살게 했습니다. 민족의 정체성을 말살시키고 앗수르 제국에 통합하려는 의도였습니다. 그로 인해 사마리아 지역에는 많은 혼혈아들이 생겨나게 되었습니다. 이때부터 유대인에게 사마리아인은 더 이상 같은 민족이라 볼 수 없는 혼혈족이었습니다. 더구나 이 혼혈족은 율법을 저버리고 혈통을 지키지 못했다는 죄까지 씌워져 이방인보다 더 터부시되었습니다.

벌써 700년도 더 오랜 역사이지만 예수님 시대까지도 사마리아인은 유대인들로부터 온갖 핍박과 수모를 받으며 살았습니다. 하지만 이 사마리아인들 역시 모세오경을 믿었고, 나름 대로 성경이 예언한 메시아를 기다렸습니다.

예수님은 유대인이라면 누구나 극도로 혐오하던 사마리아를 일부러 통과해서 갈릴리로 향하고 있습니다. 예수님은 오늘 또 한 번의 특별한 만남을 준비하고 계시는 것입니다. 요한복음에는 이처럼 한 영혼, 한 사람에게 초점을 맞춘 만남의 이야기가 많습니다.

지금 내게 가장 필요한 것

거기 또 야곱의 우물이 있더라 예수께서 길 가시다가 피곤하여 우물 곁에 그대로 앉으시니 때가 여섯 시쯤 되었더라

요 4:6

이야기가 시작되는 때는 제6시입니다. 지금으로 하면 정오입니다. 제자들은 먹을 것을 사러 동네로 갔고, 예수님은 피곤하고 시장하여 우물가에서 쉬고 계십니다. 예루살렘에서 사

마리아까지 2~3일 광야를 걸어서 오셨으니 피곤한 게 당연합니다. 예수님은 하나님의 아들이지만, 육신의 몸을 입고 계신 분입니다. 저는 이런 예수님의 모습에 정이 갑니다. 하나님이시지만 배가 고프고, 울고, 기뻐하고, 목이 마르고, 피곤하신 예수님이기에 우리를 체휼하실 수 있습니다.

예수님이 피곤한 몸을 의탁해 쉬고 있는 우물가는 창세기에서 야곱이 만든 우물로 당시 매우 전설적인 장소였습니다. 바로 여기서 예수님과 한 여인의 운명적인 만남이 이루어졌습니다.

마침 한 여인이 우물가로 물을 길러 왔습니다. 그녀는 사마리아 여인(혹은 수가성 여인이라고도 불립니다)입니다. 예수님은 물을 긷던 여인에게 물을 달라 하십니다. 거기에는 예수님과 여인, 단 둘밖에 없습니다.

사마리아 여자가 이르되 당신은 유대인으로서 어찌하여 사마리아 여자인 나에게 물을 달라 하나이까 하니 요 4:9 상

이 여인은 예수님의 요청에 너무나 놀랐습니다. 여인은 여

자이고 예수님은 남자입니다. 예수님은 유대인이고 여인은 사마리아인입니다. 남자와 여자가 아무도 없는 곳에 있습니다. 그것도 유대인의 남자가 사마리아 여인과 이야기를 하는 것은 절대 정상적이지 않습니다.

학자들은 사마리아 여인이 야곱의 우물 말고 주변에 더 가까운 우물이 있음에도 이곳에 왔다고 말합니다. 또 여인이 한낮의 해가 그토록 뜨거운 정오에 물을 길러 온 것은 정상적이지 않다고 말합니다. 실제로 당시 여인들은 해가 질 무렵 날이 선선할 때 물을 길러 나왔습니다.

그런 점에서 이 여인은 사회적으로 왕따를 당하는 입장이지 않은가 합니다. 당시 여인들은 물을 길러도 오지만 서로 수다를 떨며 즐거운 시간을 갖기 위해서도 우물가에 왔습니다. 그런데 여인은 일부러 아무도 오지 않는 시간을 골라 혼자 우물가에 나왔습니다. 그러니 여인에게 물 긷는 일은 외롭고 고통스러운 일입니다. 친구 하나 없는 외톨이 인생입니다. 사마리아 지역에서 여인에 관한 소문이 좋지 않았음을 알 수 있습니다.

그런 여인에게 예수님이 말을 붙이고 있습니다. 요한은 이를 두고 있을 수 없는 일이라고 증언하고 있습니다.

이는 (여인이 따지듯 통명스럽게 말하는 이유는) 유대인이 사마리
아인과 서로 상종하지 아니함이러라 요 4:9 하

NRSV 성경은 "Jews do not share things in common with
Samaritans"(이는 유대인들이 사마리아인과 사물을 공유하지 않는다)라
고 해석하고 있습니다. 가깝게 살지만, 한때 같은 민족이었지
만 만나지도 않을뿐더러 물건도 서로 공유하지 않고, 말도 섞
지 않고, 함께 먹지도 않고, 교제하지도 않는 그런 관계라는 것
입니다.

'평생 원수'는 이렇듯 가까운 데 있습니다. 멀리 있는 사람은
원수가 아닙니다. 그렇게 평생 원수의 관계인 사람이 물을 달
라고 한다면, 밥을 같이 먹자고 한다면, 심지어 밥을 사달라고
한다면 당신은 어떨 것 같습니까?

성경은 "모든 사람이 죄를 범하였다"(롬 3:23)고 말합니다. 저
는 이 말씀이 너무 좋습니다. 모든 사람이 죄를 범했다, 그러
니 어느 누구도 비교의 대상이 될 수 없습니다. 열등감을 가질

필요도, 자격지심을 느낄 필요도 없는 겁니다.

성경은 인간이 죄를 범해서 거룩하신 하나님과 원수가 되었다고 설명합니다. 그렇기 때문에 하나님이 우리 삶에 찾아와 말씀하실 때 우리의 반응은 이 여인처럼 퉁명스러울 수밖에 없습니다. 우리가 하나님께 바라는 것은 육신의 부족과 목마름을 해결받는 것입니다. 지금 당장 필요한 것을 얻는 것입니다. 하지만 하나님은 이 육신의 목마름을 다스릴 수 있는 영적인 생수를 주시고자 합니다. 그러니 하나님을 처음 만났을 때 그분의 사랑과 은혜, 친절을 오해할 수밖에 없습니다.

신학자 톰 라이트(Thomas Wright)는 이 만남에 대해서 이렇게 말합니다.

"그분은 하늘의 차원에서 말씀하시고, 사람들은 땅의 차원에서 듣는다. 하지만 한 분 하나님이 하늘과 땅을 둘 다 창조하셨기에, 또 예수님의 사역의 핵심이 하늘의 생명을 땅에 전해 주는 것이기에, 그런 의미에서 오해는 당연하다."

말씀(예수 그리스도)이 육신이 되어 우리 가운데 거하시매 요 1:14 상

우리 삶에서 요한복음 1장 14절 말씀을 깨닫는 것이 매우 중요합니다. 이 말씀이 믿어지면 나는 죄인이고 부족하며 상처도 많아서 지금 내게 가장 필요한 것이 무엇인지 하나님이 나보다 더 잘 아신다는 믿음을 가질 수 있습니다. 나는 지금 당장 목마름을 해결할 물을 원하지만 그 목마름을 다스릴 생수가 지금 내게 가장 필요한 것임을 믿는 것입니다. 그러므로 믿음은 이 말씀을 깨닫는 데서 출발합니다.

'생수'라니요?

예수께서 대답하여 이르시되 네가 만일 하나님의 선물과 또 네게 물 좀 달라 하는 이가 누구인 줄 알았더라면 네가 그에게 구하였을 것이요 그가 생수를 네게 주었으리라 요 4:10

그렇습니다. 이처럼 철저하게 고독하고 외로운 여인에게 가장 필요한 것은 자신을 만드시고 이 땅에 보내시고 구원하시고 용서하시고 사명도 주시고 능력도 주실 하나님을 만나는 것입니다. 예수님은 그것을 하나님의 선물, 즉 '생수'라고 표현하십니다. 여인이 가장 이해하기 쉬운 단어인 생수를 이용해 예수님은 여인에게 정작 필요한 것이 무엇인지 알려 주고 계십니다.

하지만 여인은 알아듣지 못하고 퉁명스럽게 대꾸합니다.

여자가 이르되 주여 물 길을 그릇도 없고 이 우물은 깊은데 어디서 당신이 그 생수를 얻겠사옵나이까 요 4:11

이 여인은 저와 당신을 대표하는 존재입니다. 사람이 하나님을 만날 때는 항상 자신의 현실과 비교할 수밖에 없습니다. 여인은 예수님이 말씀하시는 생수(living water)를 이해하지 못했습니다. 이 생수가 우물 밑바닥의 물이라면 그것을 퍼낼 어떤 큰 기구나 도구가 있어야 하는데, 이 낯선 유대인 남자는 그런 것을 전혀 갖고 있지 않습니다. 더군다나 조금 전까지 자기가 목마르다면서 물을 달라고 했습니다. 그런데 지금은 생수를 자신이 주겠다고 말하고 있습니다. 사마리아 여인이 계속 따집니다.

우리 조상 야곱이 이 우물을 우리에게 주셨고 또 여기서 자기와 자기 아들들과 짐승이 다 마셨는데 당신이 야곱보다 더 크니이까 요.4:12

그런데 말투는 따지고 항변하는 것 같지만, 그 내용을 보면 여인은 예수님을 단순히 유대인 남자로만 대하고 있지 않습니다. 생수를 주겠다는 예수님의 말씀에 여인은 자신의 한계 상황을 인지하고 있습니다.

"저기요… 우리 조상 야곱이 이 우물을 만들었답니다. 자기 가족과 짐승이 이 우물에서 물을 먹었고 그로부터 수천 년이 지난 지금 우리도 이 우물물을 마시고 있습니다. 그런데 당신이 이 우물을 판 야곱보다 더 위대하다는 겁니까? 이보다 더 위대한 생수를 나에게 줄 수 있다는 겁니까?"

여인의 질문은 이런 의미를 담고 있습니다. 인간은 자기가 경험한 만큼만 이해할 수 있습니다. 경험하지 못한 것은 이해하지 못합니다. 중요한 것은 그 부족함에도 불구하고 인간의 경험에는 한계가 있다는 것을 깨닫는 사람이 지혜로운 사람입니다. 인생에는 생로병사의 한계가 있음을 깨닫는 사람이 지혜로운 사람입니다. 야곱의 우물은 여인이 아는 한, 그리고 경험한 최고의 우물입니다. 그럼에도 여인은 그 앎, 그 경험에 한계가 있음을 인정하고 그보다 더 위대한 우물이 있느냐고, 당신이 야곱보다 더 위대한 사람이냐고 묻고 있습니다.

> 13 예수께서 대답하여 이르시되 이 물을 마시는 자마다 다시 목마르려니와 14 내가 주는 물을 마시는 자는 영원히 목마르지 아니하리니 내가 주는 물은 그 속에서 영생하도록 솟아나는 샘물이 되리라 요 4:13-14

그렇습니다. 예수님 역시 지금 육신적으로 목이 마르십니다. 부인하지 않습니다. 우리의 현실도 예수님이 처한 현실도 부인하지 않으십니다. 그래서 물을 달라고 하신 겁니다. 예수님은 제자들과 떡을 떼며 교제하는 걸 좋아하셨습니다. 육신적으로 목마르고 배고플 때 그 현실을 인정하셨습니다.

예수님은 한계가 분명한 현실을 인정하는 동시에 그 대안을 제시하십니다. 세상이 주는 생수, 세상이 주는 평안, 세상이 주는 기쁨도 분명히 있습니다. 하지만 세상이 주는 물은 먹을 때뿐이지 곧 목이 마릅니다. 마치 탄산음료와 같아서 갈증을 더할 뿐입니다. 마셔도 마셔도 더 목이 마르고, 그보다 더 강하고, 더 세고, 더 좋은 것으로 갈증을 해결하고 싶은 욕망을 부추깁니다. 인정을 받아도 더 큰 인정을 받아야 만족할 것 같고, 돈을 벌어도 더 큰돈을 벌어야 안심할 것 같습니다. 성공을 손에 넣어도 그보다 더 높은 데 오르려 애를 씁니다. 세상의 물은 이처럼 끝없이 갈증을 불러일으킵니다.

그렇다면 어떤 물을 마셔야 합니까? 예수님의 생수입니다. 예수님은 당신이 주는 물은 다시 목마르지 않는다고 하십니다. 예수님의 물은 영생하도록 솟아나는 물이라고 하십니다.

누구를 만나겠습니까?

이제 여인은 예수님의 말씀에 귀를 기울여 듣습니다. 지금까지 어느 누구도 여인이 안고 있는 문제가 영적인 굶주림이며 갈증이라고 말해 주지 않았습니다. 처음에 여인은 야곱의 우물과 생수를 같은 것으로 오해했습니다. 하지만 이제 예수님이 말씀하신 생수가 무엇을 말하는지 정확히 이해하게 되었습니다. 여인이 마음의 문을 열기 시작합니다. 그래서 여인은 놀라운 고백을 하게 됩니다. 이 고백은 우리 모든 인류의 고백입니다.

여자가 이르되 주여 그런 물을 내게 주사 목마르지도 않고 또 여기 물 길으러 오지도 않게 하옵소서 요 4:15

여인은 이 낯선 유대인 남자를 '주님'이라고 부르고 있습니다. 아마도 위대한 선지자가 아닐까 생각한 것 같습니다. 여인의 고백은 이런 것입니다.

"그래요, 그런 물이 있나요? 그런 영원한 물이 있다면 저에게 한번 주세요. 목마르지 않게 해주세요. 여기 오는 것도 지겹고요, 일을 반복하는 것도 지겨워요. 물동이도 무거워요. 사람들을 피해서 물 뜨러 오는 것도 이제 너무너무 힘들어요. 제발 다시 오지 않게 해주세요."

저는 이 사마리아 여인과 예수님의 대화를 묵상할 때마다, 이 여인의 고백이 늘 저의 마음을 뭉클하게 합니다. 바로 우리 인생의 고백입니다.

"여기 물 뜨러 오는 것 지겨워요. 사실 저도 오고 싶지 않아요. 제발 여기 오지 않게 해주세요."

이 고백을 보면 이 여인이 평생을 얼마나 고통 가운데 살았는지, 인생의 갈급함이 얼마나 컸는지 알 수 있습니다.

이 갈급함이 곧 신앙의 시작이 됩니다. 진정한 만남의 시작이 됩니다. 하나님을 찾는 우리의 심정이 이 여인과 같아야 합니다.

"하나님, 저는 목이 탑니다. 하나님, 제가 목마르지 않게 해주세요."

목이 마르면 목이 마르다고 말해야 합니다. 세상에서 가장 비참한 사람이 자기가 죽어 가고 있다는 걸 모르는 사람입니다. 주변 사람은 다 아는데 본인만 그 사실을 모르는 것입니다.

육신은 압니다. 몸은 압니다. 깊이 반추하지 않아도 몸은 반응을 통해 알 수 있습니다. 그러나 영적인 것은 그렇지 않습니다. 우리의 영이 죄로 죽어 있기 때문에 그렇습니다. 신앙생활을 하더라도 하나님과 교제하지 않으면 그럴 수 있습니다.

그러나 내가 지금 영적으로, 육신적으로, 정신적으로 목이 마르다는 것을 아는 사람은 목이 마르다고 외치게 되어 있습니다. 사실 그 깨달음이 바로 하나님의 은혜입니다. 이 영적 갈급함이 바로 예수님과의 만남을 성사시킵니다. 그런 의미에서 "여자가 이르되 주여 그런 물을 내게 주사 목마르지도 않고 또 여기 물 길으러 오지도 않게 하소서"(요 4:15)는 얼마나 간절한 부르짖음 인지 모릅니다. 이 간절함이 우리 모두에게도 필요합니다.

제가 목회하는 동안 교회를 처음 나온 분들이 여럿 있었습니다. 이전까지 무교였거나 다른 종교를 가진 분들도 있었습니다. 그런데 그분들한테서 듣는 공통된 고백이 있습니다. 아브라함, 야곱, 모세, 에스더, 라합 등 인물 설교를 듣고 나서 하나님께서 마치 자기를 꼭 집어 말씀하시는 것 같다는 고백입니다. 성경은 잘 모르지만, 아브라함과 요셉, 야곱과 같은 인물의 인생 이야기가 어쩌면 자기 인생과 똑같은지 모르겠다며 눈물을 흘립니다. 하나님이 자기 인생을 샅샅이 들여다보시는 것 같다며 과연 하나님은 살아 계시다고 고백합니다. 영적으로 목이 마른 사람은 하나님을 만나게 되어 있습니다.

"물로 나오라"

1 하나님이여 사슴이 시냇물을 찾기에 갈급함 같이 내 영혼이 주를 찾기에 갈급하니이다 2 내 영혼이 하나님 곧 살아 계시는 하나님을 갈망하나니 내가 어느 때에 나아가서 하나님의 얼굴을 뵈올까 시 42:1-2

우리에게 영원히 목마르지 않는 생수를 주시는 하나님을 만나는 것은 인생 최대의 기쁨이자 목표입니다. 경험과 지식, 직업, 학업은 인생 최고의 목표가 될 수 없습니다. 수단일 뿐입니다. 관계도 명예도 마찬가지입니다. 하나님이 나를 보내신 목표를 찾는 데 그것들을 활용할 따름입니다.

예배에는 갈망과 목마름이 필요합니다. 하나님은 갈급함으로 부르짖는 이들을 찾으십니다.

1 오호라 너희 모든 목마른 자들아 물로 나아오라 돈 없는 자도 오라 너희는 와서 사 먹되 돈 없이, 값 없이 와서 포도주와 젖을 사라 2 너희가 어찌하여 양식이 아닌 것을 위하여

은을 달아 주며 배부르게 하지 못할 것을 위하여 수고하느냐 내게 듣고 들을지어다 그리하면 너희가 좋은 것을 먹을 것이며 너희 자신들이 기름진 것으로 즐거움을 얻으리라 3 너희는 귀를 기울이고 내게로 나아와 들으라 그리하면 너희의 영혼이 살리라 내가 너희를 위하여 영원한 언약을 맺으리니 곧 다윗에게 허락한 확실한 은혜이니라 사 55:1-3

하나님은 너희가 어찌하여 양식이 아닌 것, 즉 썩어질 것, 없어질 것을 위해 수고하느냐고 물으십니다. 돈, 물질, 관계, 인정도 필요 없으니 그저 와서 포도주와 젖을 사라고 하십니다. 물로 나오라 하십니다. 그러면 내 종 다윗과 맺은 언약과 은혜를 주겠다고 말씀하십니다.

저의 인생과 목회의 경험으로 볼 때 사람이 갈급할 때는 인생에서 가장 힘들고 곤고하고 지칠 때입니다. 그때가 하나님을 가장 가까이에서 만날 수 있는 때입니다. 너무 답답하니까 하나님 앞에 나아가 따지기도 하고, 항변도 하고, 울며 부르짖기도 하다가 어느 순간 하나님을 만나게 됩니다.

너희는 여호와를 만날 만한 때에 찾으라 가까이 계실 때에 그를 부르라 사 55:6

누구를 만나느냐에 따라서 인생이 달라집니다. 그래서 어떤 사람은 부모를 탓하고 환경을 탓하기도 합니다. 그러나 기독교는 대안의 공동체입니다. 하나님은 온 우주를 만드신 분입니다. 내 삶이 환경 때문에, 사람 때문에 엉망이 되었다 해도, 온 우주를 창조하시고 목적이 있어서 나를 이 땅에 보내신 그 하나님께서 나를 만나자고 하시는데 무엇을 탓할 수 있습니까? 우리는 다만 "오호라 모든 목마른 자들아 물로 나오라"고 부르시는 주님의 음성에 반응하면 됩니다. 내가 목마른 만큼, 갈급한 만큼 하나님을 만날 수 있습니다.

예수님 입장에서 이 여인과의 만남은
결코 우연이 아니었습니다.
예수님은 오늘도
특별한 만남을 준비하고 계십니다.

Chapter 1 · 만남
설교 영상 보기

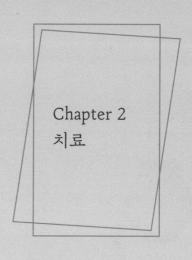

Chapter 2
치료

"상처투성이지만 주님께 나아갑니다"

_ 요 4:15-19

아주 오래전에 주일 예배를 마치고 아이들과 차를 타고 가는 길에 갑자기 저희 딸이 이런 질문을 했습니다.

　"아빠, 사람이 살다가 한 번쯤은 하나님을 만날 수 있는 기회가 주어지는 거지요?"

　아이들이 이런 질문을 하면 등에 식은땀이 날 때가 있습니다. 이게 사실은 쉬운 것 같으면서도 신학적인 논쟁이 될 수도 있습니다. 아 아이들이 이런 생각도 하는구나, 제가 좀 당황해서 고민한 끝에 갖은 난제와 토론을 뒤로하고 "그렇다"라고 대답해 줬습니다.

　"예림아, 아빠가 믿는 하나님은 사랑의 하나님이시고, 아빠

가 믿는 인격의 하나님은 이 땅을 살아가는 모든 사람에게 일
생에 한 번은 하나님을 만날 수 있는 기회를 주신다고 믿어.
그리고 하나님은 그 일을 우리를 통해 행하기를 기뻐하셔. 그
러니까 예림아, 네가 나가서 전도해야 해."

그때 우리 딸 표정이 괜히 어려운 질문을 했다가 본전도 못
찾았다는 표정이었습니다.

저는 확신합니다. 적어도 우리가 이 땅을 살아가는 동안 하
나님과의 만남은 열려 있으며, 초자연적인 것이든 사람이든
환경이든 어떤 경로를 통해서건 하나님은 우리에게 기회를 주
신다고 믿습니다.

그런데 만남은 한 번으로 끝나서는 안됩니다. 지속적으로
만나면서 하나님을 더 깊이 알아 가야 합니다. 더 깊이 알면서
하나님과 깊은 교제를 나눠야 합니다. 그런데 이 깊이에 도달
하기 전에 하나님과의 만남을 끝내 버리는 사람이 적지 않습
니다.

상담학에서 '애착'(attachment)은 아기가 태어나서 주로 다섯 살가량까지 부모 또는 양육자와 형성되는 친밀한 정서적 관계를 말합니다. 이 시기에 부모에게서 사랑과 인정을 충분히 받고 건강한 애착관계를 형성한 사람은 자라서도 건강한 대인관계를 맺을 수 있다고 합니다. 이 애착이 온전히 형성되지 않으면 타인을 신뢰하지 못하고 모든 사건과 사물을 부정적으로 바라보게 됩니다. 그 마음이 불안할 수밖에 없습니다. 그렇다 보니 공격적이고 부정적이게 되어서 결국 자기 자신도 신뢰할 수 없게 됩니다. 남도 나도 믿지 못하면서 공격적인 태도를 보이니 대인관계가 원만할 수가 없습니다.

사마리아 여인은 예수님을 만났을 때 부정적이고 신경질적이며 공격적인 경향을 보였습니다. 물 좀 달라 했는데 계속 따집니다.

"유대인이 왜 사마리아인인 나에게 물을 달라고 합니까? 남자인 당신이 어떻게 여자인 나한테 물을 달라고 합니까? 여기 우물은 깊습니다. 당신은 큰 두레박도 없는데 어떻게 나에게 생수를 준다고 하는 겁니까? 아니 잠깐만요. 조금 전엔 나한테 물을 달라고 해놓고서 이제는 나한테 목마르지 않는 생수를 준다니, 그게 무슨 말입니까? 이 우물은 우리 조상 야곱이 팠는데 생수를 준다고 하는 당신이 그 위대한 야곱보다 더 위대하다는 말입니까? 왜 나한테 이래라저래라 하는 겁니까? 안 그래도 힘들어 죽겠는데 도대체 왜 당신까지 나를 괴롭히는 겁니까?"

'오늘 당신 잘 걸렸다. 어디 한번 붙어 보자'는 기세로 여인은 예수님께 달려들고 있습니다. 그런데 예수님 역시 이 여인을 만나기 위해 마음의 준비를 단단히 하고 오셨습니다.

사마리아를 통과하여야 하겠는지라 요 4:4

어떤 유대인도 가지 않는 그곳을 의도적으로 가시겠다는 겁니다. 이유는 인생이 고통스러운 여인을 만나기 위해서입니다. 불평불만으로 가득 찬 그녀를 치료하기 위해서입니다. 여인을 향한 예수님의 첫 번째 진단은 이것이었습니다.

이 물을 마시는 자마다 다시 목마르려니와 요 4:13하

사실 예수님도 지금 육신적으로 목이 마른 상태입니다. 이 사실을 예수님도 인정하셔서 물을 달라고 했습니다. 하지만 그 물은 다시 목이 마를 수밖에 없습니다. 우리가 직면한 삶의 문제도 마찬가지입니다. 예수님은 이 말씀을 하심으로써 여인에게 이렇게 묻고 있는 것입니다.

"지금 내가 목마른 것이 아니라 여인 당신이 목마른 것 아니냐?"

예수님은 육신적인 목마름이지만 여인의 목마름은 영적인 것이라는 진단입니다. 그렇습니다. 이 말씀은 정말 우리의 정곡을 찌릅니다.

그런 다음 예수님은 진리의 말씀을 선포하십니다.

13 예수께서 대답하여 이르시되 이 물을 마시는 자마다 다시 목마르려니와 14 내가 주는 물을 마시는 자는 영원히 목마르지 아니하리니 내가 주는 물은 그 속에서 영생하도록 솟아나는 샘물이 되리라 요 4:13-14

여인은 이 말씀을 들으면서 이 이상한 만남이 어쩐지 운명

적이라는 생각을 하게 됩니다. 방금까지 피곤한 기색으로 물
을 달라던 사람이 이제는 반대로 영원히 목마르지 않는 생수
를 주겠노라고 합니다. 그런데 이 확신에 찬 말씀을 듣고 불안
하던 여인의 마음이 안정감을 찾게 되었습니다. 그리고 여인
은 인류를 대표하는 고백을 하게 됩니다. 바로 우리의 고백입
니다.

여자가 이르되 주여 그런 물을 내게 주사 목마르지도 않고
또 여기 물 길으러 오지도 않게 하옵소서 요 4:15

이 여인은 평생 누군가와 이런 직접적이고 구체적인 인생
의 대화를 나누어 본 적이 없었을 것입니다. 그런 여인이 예수
님의 말씀을 들으면서 예수님이야말로 어쩌면 마지못해 살아
온 자신의 인생을 구원해 줄 절호의 기회일지도 모른다고 생
각하게 되었습니다. 그래서 용기를 내어 이제는 도리어 물을
달라고 말합니다.

"유대 선생님, 진짜 그래요? 진짜 그런 물이 있다면, 영원히
목마르지 않는 물이 있다면 저에게 좀 가져와 보세요. 제가 그

런 물을 벌컥벌컥 마시고 싶어요. 그리고 다시는 여기에 물 뜨러 오기 싫습니다."

"네가 옳다"

이 낯선 유대인 남자가 누구인지 정확히 알 순 없지만 여인은 마음 문을 열고 다가갔습니다. 그때 예수님이 직격탄을 날리십니다.

이르시되 가서 네 남편을 불러 오라 요 4:16

"여인이여, 정말 그 생수를 원한다면 가서 당신 남편을 불러 오시오."

이게 무슨 말입니까? 이거야말로 'out of context'입니다. 자다가 봉창 두드리는 소리라는 겁니다. 여인이 확신은 없지만 마음의 문을 열고 예수님께 나아온 마당에 난데없이 남편을 데려오라니요? 저는 성경을 읽으면서 예수님의 말씀과 행동이 가져올 파국이 상상이 되어서 마음이 조마조마할 때가 많습니다.

여기서도 수가성 여인이 얼마나 황당했을지 상상이 됩니다. 겨우 마음 문을 열고 다가갔더니 예수님은 여인의 가장 아프고 고통스러운 부분을 건드리시는 겁니다.

'아 이게 뭐지? 또 괜히 다가갔나?'

순간 후회가 됩니다. 괜히 단단히 여며 둔 마음의 빗장을 열었구나 후회가 밀려옵니다. 깊은 상처가 있는 사람은 낯선 만남을 두려워합니다. 그로 인해 상처를 더 덧나게 하지 않을까 두렵기 때문입니다. 그러므로 타인과의 만남을 두려워하는 사람은 사실 상처받는 것을 두려워하는 것입니다. 예수님의 '남편을 데려오라'는 말씀은 여인의 마음에 엄청난 파장을 일으키는 것이었습니다.

우리가 하나님을 만날 때 반드시 명심해야 할 것이 있습니다. 그것은 바로 나의 믿음이 크건 작건, 성경 지식이 많건 적건, '하나님은 내 삶의 문제와 필요가 무엇인지 정확히 아신다'라는 믿음입니다. 하나님은 궁극적으로 나의 문제와 필요한 해결 방법과 대안을 정확히 알고 계십니다. 이 사실을 믿어야 합니다. 이 믿음이 있는 것과 없는 것은 천지차이만큼이나 큰 차이를 가져옵니다.

세상에서 제일 바보 같은 환자가 누구인 줄 아십니까? 어렵게 시간을 내어 병원에 가서는 나의 아픔을 의사에게 애써 숨기는 사람입니다. 이것처럼 어리석은 일도 없습니다. 대학병원에 가 보니 대기는 1시간도 족히 하면서 의사와 상담 시간은 2~3분도 안 되더군요. 그렇게 귀한 시간을 내서 병원을 찾았으면 아픈 이유와 처방법을 꼬치꼬치 묻고 확신까지 얻어야 하지 않겠습니까? 의사 앞에서는 내 병을 더 자세히 알려야지 부끄러워 숨겨선 안 됩니다.

예수님은 지금 이 여인을 치료하러 오신 영적인 의사입니다. 여인의 할 일은 상처는 아프지만 영적인 의사인 예수님께 낱낱이 드러내는 것입니다.

6년 전 미국에서 저희 아이 둘이 한꺼번에 편도선 수술을 받았습니다. 허구한 날 편도선염을 달고 살고 특히 둘째는 일주일에 2~3일 학교를 결석할 만큼 천식이 심했습니다. 의사가 4~5년 전부터 두 아이에게 편도선 수술을 권했는데 제가 무섭기도 하고 바쁘기도 해서 차일피일 미루다 더 이상 방치해선 안 되는 지경에 이르러서야 수술을 하게 되었습니다.

의사는 2~3일 누워 있으면서 아이스크림을 많이 먹으면 괜찮아질 거라고 했는데 새빨간 거짓말이었습니다. 일주일 이상 누워 있었을 뿐 아니라 5kg 이상 살이 빠질 만큼 밥도 못 먹었습니다. 집에 돌아오면 아이들의 밝은 웃음이 피곤을 씻어 주는 청량제였는데 아이들이 누워 있는 일주일 동안 집이 적막강산이었고 자연히 우울했습니다.

하지만 우리에게는 소망이 있었습니다. 2~3주, 최소한 4주만 지나면 아이들을 괴롭히던 편도선염에서 해방될 거라는 소망이었습니다. 실제로 수술 후 한 달 정도 지나자 천식도 거의 사라졌습니다. 편도선염도 해결되었습니다.

수술대에 올라가는 사람은 상처를 드러내야 합니다. 그리고 의사가 메스를 들 때 그 의사를 신뢰해야 합니다. 수술 과정은 당연히 아픕니다. 고통스럽습니다. 그러나 치료를 위해서 소망을 가지고 용기를 내야 합니다.

성경을 보면 예수님과 충돌한 사람들이 많이 나옵니다. 그런데 그중에서 상처를 드러내며 예수님과 제대로 충돌한 사람은 깨끗이 치유받았습니다. 당시 예루살렘의 인구가 대략 잡아서 10만 명이라면 대다수의 사람들이 예수님을 스치듯이라도 보았을 것입니다. 하지만 예수님의 치유를 경험한 사람은 자신의 상처를 드러내며 예수님을 찾아온 사람들뿐이었습니다.

예수님은 지금 이 여인의 가장 아픈 부분을 건드리십니다. 여인을 치유하기 위해서입니다.

"가서 네 남편을 데려오라. 가서 네 아내를 데려오라. 가서 네 자녀를 데려오라. 가서 네가 가장 귀하게 여기는 그 부분을, 네가 가장 고통스러워하는 그 아픔의 장소, 그 시간을, 그 기억을 가져와라."

사실 처음 만난 낯선 사람이 이런 요구를 한다는 건 어떻게 보면 매우 무례한 것입니다. 그런데 상상치 않은 놀라운 일이 벌어졌습니다. 여인은 예수님의 이 무례한 요구에 "나는 남편이 없습니다"라고 대답했습니다. 여인의 가장 아픈 부분을 건드리는 예수님께 정직하게 자기 속내를 드러내 보인 것입니다. 저는 이 여인의 용기가 성경에서 가장 위대한 용기 중 하나라고 생각합니다. 그동안 사람들의 사랑과 인정을 받기 위해 발버둥치며 살았을 여인이 예수님의 정곡을 찌르는 질문에 도망가지 않고 정직하게 자기를 드러냈습니다.

그러자 예수님은 "여인이여 당신이 남편이 없다고 하는데 그 말은 옳소이다"라고 꾸지람 없이 여인을 인정해 주었습니다. 여인의 말이 옳다는 것입니다. 어쩌면 여인이 태어나서 처음으로 듣는 인정이고 칭찬일지도 모릅니다. 그러니 이 말씀은 여인에게 '내가 너의 아픔을 안다'는 위로로 들렸을 것입니다. 뜻밖에, 전혀 기대하지 않은 만남이었습니다. 늘 도망쳐 나오듯 혼자 찾아온 야곱의 우물가에서 여인은 자신을 있는 그대로 인정해 주는 사람을 처음으로 만났습니다.

하나님은 우리가 가장 외로워하고, 가장 힘들고, 가장 고독한 장소에서 극적으로 만나 주십니다.

깊은 상처는 먼저 대면해야 한다

예수님은 여기서 한 발 더 나아가십니다.

너에게 남편 다섯이 있었고 지금 있는 자도 네 남편이 아니니 네 말이 참되도다 요 4:18

아주 밑바닥까지 파헤치십니다. 아 예수님 너무하시는 거 아닌가요? 남편이 없다고 인정했으면 거기서 그만두실 일이지 이렇게 바닥까지 파헤치면 어쩝니까? 하지만 이것이 여인이 직면한 현실입니다. 도망칠 수 없는 현실입니다. 예수님은 지금 여인에게 현실을 직시할 것을 요구하고 계십니다. 우리로서는 현실을 마주 볼 용기가 안 나니까 예수님이 도와주십니다.

이 여인의 삶을 이해하려면 신명기 25장에 나오는 당시의 수혼법 혹은 계대결혼법을 이해해야 합니다.

5 형제들이 함께 사는데 그 중 하나가 죽고 아들이 없거든 그 죽은 자의 아내는 나가서 타인에게 시집 가지 말 것이요 그의 남편의 형제가 그에게로 들어가서 그를 맞이하여 아내로 삼아 그의 남편의 형제 된 의무를 그에게 다 행할 것이요 6 그 여인이 낳은 첫 아들이 그 죽은 형제의 이름을 잇게 하여 그 이름이 이스라엘 중에서 끊어지지 않게 할 것이니라

신 25:5-6

예를 들어 형제가 셋이 있다고 합시다. 고대 근동 지방에서는 전쟁이 끊이지 않았습니다. 첫째 형이 그 전쟁에 나갔다가 죽고 말았습니다. 그러면 첫째 형의 형수와 둘째 동생이 결혼을 해야 합니다. 둘째가 또 나가서 죽었습니다. 그러면 셋째가 그 형수와 결혼을 해야 합니다. 이것을 계대결혼법이라고 합니다. 대가 끊어지지 않도록 하기 위한 고대 근동 지역의 대안이자 율법입니다.

많은 학자가 수가성 여인이 이 계대결혼법을 이행하는 환경에 있지 않았을까 추정합니다. 전쟁에서 죽었건, 병으로 죽었건, 삶이 다해서 죽었건 남편이 죽은 뒤 계대법을 수행한 다섯 명의 남편도 죽었으니, 얼마나 그 인생이 끔찍했을까요?

어떤 학자들은 이 여인이 남자를 다섯이나 둘 만큼 품행이 단정하지 못한 삶을 살았을 것으로 추정합니다. 여인의 삶이 어떤 것이든 참으로 굴곡진 인생입니다. 아무도 바깥출입을 하지 않는 뜨거운 햇살이 내리쬐는 정오에 물을 길러 올 만큼 사람들로부터 외면당하는 인생입니다. 그녀의 삶은 결코 평탄하지 않았습니다. 사무치는 고통과 슬픔을 안고 살아가던 여인이었습니다.

그렇게 인생의 고통 속에서 고독한 삶을 살아가는 여인을 만나기 위해 예수님은 일부러 사마리아에 오셨습니다. 길지 않은 3년 공생애 중에서 따로 시간을 내어 이 여인을 만나러 오셨습니다. 그리고 예수님은 이 수가성 여인에게 현실을 직시하게 하십니다. 예수님의 치료법은 우리의 아픔과 고통과 상처를 먼저 대면하게 하시는 겁니다.

요한복음 8장에 보면 남자와 간음하다 현장에서 붙잡힌 여인의 이야기가 나옵니다. 예수님은 이 여인을 용서하시는 동시에 이런 말씀으로 현실을 보게 하셨습니다.

여자여 너를 고발하던 그들이 어디 있느냐 너를 정죄한 자가 없느냐 요 8:10하

간음한 여인을 정죄하던 사람들이 모두 돌을 버려두고 자리를 떠났습니다. 예수님은 여인으로 하여금 자신의 죄를 보게 하는 동시에 사람들의 죄도 보게 하십니다. 그러면서 더 이상 죄를 짓지 말라고 방법도 알려 주십니다. 이 장면은 예수님이 우리를 찾아오시는 전형적인 모습입니다.

예수님은 간음한 여인에게 그랬듯이 이 수가성 여인에게도 죄를 묻지 않으십니다. 우리는 예수님의 '네 말이 옳도다, 네 말이 진실되다'는 말씀에 주목해야 합니다.

제가 아는 한, 성경의 인물 중 "주님 저는 죄인입니다. 이런 허물이 있습니다. 주님 앞에 이런 거짓말을 했어요. 사람들 앞에 이런 잘못을 했습니다"라고 자신의 허물과 현실을 직시한 사람들을 주님은 정죄하시지 않았습니다. "네 죄는 이 율법에 어긋나니까 벌을 받아야 해" 라고 말씀하신 적이 한 번도 없습니다.

사탄의 전략은 우리의 허물과 죄를 들추고 그 아픔의 상처를 더 곪게 해서 우리를 망가뜨리는 것입니다. 하지만 하나님은 우리의 허물과 수치를 드러내서서 그로 인한 아픔과 상처를 치유하시는 것이 목적입니다. 도리어 "너를 정죄하던 자들이 어디 있느냐" 하며 우리를 회복시키십니다.

하나님은 이 땅과 상관없는 저 하늘나라에서 굽어보며 우리가 잘못하면 벌을 주시는 분이 아닙니다. 그분은 독생자 예수님을 우리를 살리기 위해 십자가에 못 박은 하나님이십니다. 예수님이 그냥 이 땅에 오신 것이 아닙니다. 예수님은 굳이 수가성까지 오셔서, 내 삶의 깊은 계곡까지 내려오셔서, 나의 현실을 직시하게 하시고, 상처에 생수, 즉 보혈을 붓고 주님의 살을 쪼개어 덧입혀 회복시키려 오셨습니다. 이 일을 우리에게 행하신 자비의 하나님을 믿으시기 바랍니다.

우리를 향한 하나님의 생각

예수님이 여인을 인정하니까 여인도 예수님을 인정하며 우리를 대신해 이같이 고백합니다.

여자가 이르되 주여 내가 보니 선지자로소이다 _{요 4:19}

치료를 위해선 의사가 환자를 이해해야 하지만 환자도 의사를 인정해야 합니다. 최고의 영적 치료자인 예수님이 '네 아픔과 상처와 고통도 가져오라' 하시는데 그를 인정하지 못해 도망가는 사람이 얼마나 많은지 모릅니다. 치료가 필요하지 않은 사람은 없습니다. 예수님을 만났다면 치료에 이르러야 합니다.

예레미야서 29장 12-13절은 우리나라 성도들이 기도할 때 가장 많이 인용하는 말씀 중 하나입니다.

"찾으라, 부르짖으라, 그러면 내가 만나 주리라."

이 말씀을 붙들고 기도해 보았을 것입니다. 그런데 부르짖는 우리를 찾아온 주님이 치료를 위해 '네 남편을 데려오라' 하시면 많은 사람이 도망가 버립니다. 마음의 문을 닫아 버립니다. 육신의 몸이 병들었을 때 의사를 찾아가 상처를 내보이는 것이 당연하다는 걸 알면서 왜 영적으로 병든 것을 예수님께 내보이지 못합니까? 예수님이 굳이 수가성까지 찾아오셨는데 왜 외면합니까?

그래서 예레미야 29장 12-13절 말씀 이전에 11절 말씀을 믿어야 합니다.

여호와의 말씀이니라 너희를 향한 나의 생각을 내가 아나니 평안이요 재앙이 아니니라 너희에게 미래와 희망을 주는 것이니라 렘 29:11

우리를 향한 하나님의 생각은 우리를 두렵게 하거나 파괴하거나 도망가게 하거나 재앙을 내리는 것이 아니라 평안과 소망, 미래를 주어서 회복시키는 것입니다. 이 말씀을 믿고 12-13절 말씀처럼 부르짖어야 합니다.

예수님이 수가성 여인을 찾아오신 이유는 재앙을 주시기 위함이 아닙니다. 여인의 신음 소리가 멀리 유대 지역에 계신 예수님께 들린 것입니다. 이처럼 이 땅에서 울부짖는 당신의 기도도 하늘에 상달될 것입니다. 바로 우리 인류의 부르짖음에 영원히 목마르지 않을 생수를 주시어 치유하시기 위해 하나님의 아들이 찾아오신 것입니다. 그것이 우리에게 복된 소식(복음)입니다.

젊은 목회자 디모데가 목회를 하면서 얼마나 힘들었던지 위장병을 앓게 되자 사도 바울이 이같이 말했습니다.

하나님이 우리에게 주신 것은 두려워하는 마음이 아니요 오직 능력과 사랑과 절제하는 마음이니 딤후 1:7

하나님이 우리를 살리려고 성령의 능력을 부어 주시고 사랑과 화평, 평안, 절제의 마음을 주셨다고 합니다. 그러니 두려워하지도, 겁내지도, 도망가지도 말라는 겁니다. 여호와 라파, 치료하시는 하나님은 우리를 살리시는 분임을 믿으시기 바랍니다.

예수님은 상처에 생수를 붓고
주님의 살을 쪼개어 덧입혀 회복시키려
내 삶의 깊은 계곡까지 내려오셨습니다.

Chapter 2 · 치료
설교 영상 보기

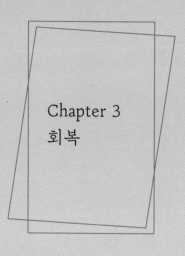

Chapter 3
회복

"믿음을 주셔서
더 이상 아프지 않습니다"

_ 요 4:19-25

여인이 믿은 것

야곱의 우물은 세겜에서 동쪽으로 2Km 정도 거리에 있는
데, 아람어 '비르 야콥'이라는 이름으로 아직도 남아 있습니다.
전승에 의하면 야곱이 에서와 화해를 한 다음 세겜 땅에 머무
르면서 이 우물을 팠다고 합니다.

요한복음 4장은 야곱의 우물로 물을 길러 온 여인을 통해
예수님의 생수에 초점을 맞추고 있습니다. 이는 요한복음 3
장에서 니고데모가 질문한 영생에 대한 주제를 이어 가고 있
는 것입니다. 영생을 어떻게 얻느냐는 니고데모의 질문에 예
수님은 "물과 성령으로 거듭나야 하리라"고 대답하셨습니다.

생수를 마셔라

여기서 '물'은 '생명'을 의미합니다. 다시 말해 예수님이 주시는 생수를 의미합니다.

예수님은 야곱의 우물로 물을 길러 온 여인과 육신의 목마름으로 대화의 물꼬를 트시더니 마침내 그녀의 가장 내밀한 슬픔과 고통을 파헤치며 상처의 치유를 시도하십니다. 놀랍게도 여인은 예수님이 드러내 보이신 자신의 현실을 외면하지 않고 대면할 용기를 보입니다. 여인은 어쩌면 이 만남이 그녀 인생의 마지막 기회일지도 모른다고 생각했을 것입니다. 그래서 예수님이 드러내 보이신 상처가 아프고 고통스럽지만 도망가지 않았습니다.

"여인아 가서 네 남편을 데려와라."

예수님의 이 같은 도발에 여인은 정직하게 자신의 현실을 직시하고 인정을 합니다.

"그렇습니다, 선생님. 나는 진정한 남편이 없습니다."

이 여인은 인생의 채워지지 않는 목마름 때문에 남편을 다섯이나 두었는지도 모릅니다. 아니면 자기의 인생을 책임져 줄 대상을 찾았는지도 모릅니다. 그러나 그 인생의 목마름을 채워 줄 무언가를 좇던 끝에는 아픔만 남음을, 이 세상의 그 어떤 것으로도 영혼의 갈증을 채울 수 없음을 깨달은 고백일 것입니다.

또 이 고백에는 하나님이 내 모든 현실의 문제를 나보다 더 잘 아신다는 믿음이 전제되어 있습니다. 성경 지식이 많건 적건, 교회를 오래 다녔건 아니건 중요한 것은 하나님께서 나보다 나를 더 잘 아신다는 믿음을 갖는 것입니다. 이 믿음이 있고 없고가 신앙의 깊이를 판가름합니다. 여인은 '선지자와 같은 선생님을 만났는데 무엇을 숨기랴. 밑져야 본전이다'라는 마음으로 예수님께 솔직하고 정직하게 자신을 시인했습니다.

"옳다, 여인이여. 너의 말이 옳다. 남편 다섯이 있었지만 지금 있는 남편도 네 남편이 아니다."

도망가지 않고 자신을 대면하여 시인하는 여인에게 예수님은 '네가 옳다'고 인정해 주십니다. 이때 여인의 대답이 놀랍습니다.

여자가 이르되 주여 내가 보니 선지자로소이다 요 4:19

태어나 처음으로 인정받는 말을 듣고 여인의 믿음이 깊어

져서 예수님을 알아보게 되었습니다.

자녀는 부모의 사랑과 인정을 받으며 몸이 자라고 마음이 자랍니다. 만일 이 인정욕구가 부모에게서 채워지지 않으면 여러 가지 면에서 기능장애를 일으키게 됩니다. 그러므로 부모의 "너무 잘했어"라는 한마디는 자녀를 살리는 말입니다. "잘하는 게 있어야 칭찬을 하죠"라고 말하는 부모가 있는데 그렇지 않습니다. 아이가 장난감을 집어 던지면 "넌 커서 야구선수가 되겠네"라고 말해 주고, 밥을 많이 먹으면 "그래 넌 정말 밥 먹는 데 소질이 있어"라고 인정해 주는 겁니다. "넌 할 수 있어" "정말 놀랍구나"라고 아주 사소한 일에도 칭찬하고 인정해 주면 자녀는 건강하게 자랄 뿐 아니라 탁월한 존재가 됩니다.

하지만 불행하게도 많은 자녀들이 가정에서 이 같은 인정욕구를 충분히 채우지 못하고 있습니다. 이 인정욕구가 결핍되면 두려움이 생깁니다. 두려워서 아무도 믿지 못하고 그래서 더 두려워지는 악순환을 되풀이하게 됩니다. 상처는 상처를 더 크게 만들 뿐입니다.

상처가 치유되는 과정에서 가장 먼저 나타나는 특징이 '믿게 된다'는 것입니다. 아무도 믿지 못하겠다던 사람이 누군가를 신뢰하게 되는 것입니다.

사마리아 여인은 예수님이 "네가 옳다"고 인정해 주시자 "당신은 선지자입니다"라고 고백했습니다. 이 고백은 곧 '내가 당신을 믿을 수 있습니다'는 의미입니다. 여인의 깊은 상처가 치유되고 있는 것입니다.

'다 안다. 내 아들아 내 딸아, 내가 다 안다.'

혹시 기도하면서 이런 음성을 들어 본 적 있습니까? 하나님은 우리가 미주알고주알 설명하지 않아도 이미 우리의 모든 사정을 알고 계십니다. "네 남편을 데려오라"는 난데없는 요구를 듣고 여인은 자신의 삶의 문제가 무엇인지, 왜 그토록 목마른 인생인지 예수님이 자기보다 자신을 더 잘 알고 있다는 사실을 깨달았습니다. 이 나그네는 분명히 이스라엘의 선지자일 수 있다는 믿음이 생겼습니다.

회복의 증거

이제 공감대가 형성되어 갑니다. 만남을 통해 신뢰가 쌓이고, 신뢰를 통해 치유가 일어나고, 치유를 통해 믿음이 생겼습니다. 이 믿음이 여인을 회복시키고 있습니다. 마침내 예수님과의 만남이 확장되고 있는 겁니다. 여인의 다음 말에서 그 사실을 확인할 수 있습니다.

우리 조상들은 이 산에서 예배하였는데 당신들의 말은 예배할 곳이 예루살렘에 있다 하더이다 요 4:20

놀라운 고백입니다. 상처가 치료되고 회복되는 과정에서 이런 현상들이 나타납니다. 어렴풋이 과거의 꿈, 하고 싶던 일이나 취미를 기억해 내는 것입니다. 우리는 모두 누구나 어린 시절에 꿈이 있었습니다. 작든 크든 상관없이 무엇이 되겠다는 꿈을 꾸었습니다. 하지만 현실의 벽은 너무 높아 자주 좌절을 경험하게 되었고 마침내 포기하고 기성세대에 합류하게 되었습니다. 이 좌절된 꿈이 무의식으로 잠재되어 있다가 치유와 회복이 일어나면 수면 위로 떠오르게 됩니다.

여인의 좌절된 꿈은 '예배'였던가 봅니다. 치유와 회복이 일어나자 놀랍게도 여인의 입에서 예배에 대한 이야기가 나옵니다. 여인의 마음속에 자리 잡은 인생의 목마름이 '예배'였음을 깨달았습니다. 이는 열등감에 사로잡힌 여인의 정체성과 관계가 있습니다. 여인은 여호와 하나님이란 분을 만나고 싶고, 교제하고 싶고, 예배도 드리고 싶었습니다. 그분을 만나면 그녀가 당면한 인생의 목마름들을 시원하게 해결받을 것 같았습니다. 그런데 현실은 비천한 사마리아인이고 더구나 남편을 다섯이나 둔 골치 아픈 인생입니다. 여인의 갈급함은 이 현실의 벽에 부딪혀 저 아래 깊은 곳에 묻어 두어야 했습니다.

"선생님, 우리 조상들은 이곳 그리심산에서 하나님께 예배했지만, 당신들은 예루살렘에서 예배한다지요. 나는 예배드리고 싶고 하나님을 만나고 싶은데 예루살렘에조차 갈 수 없는, 당신들이 너무나 천히 여기는 사마리아 여자가 아닙니까?"

여기서 한 가지 짚고 넘어갈 것이 있습니다. 여인의 현실은 아무도 나오지 않는 정오에 물을 길러 나와야 할 만큼 고독하고 비참한 것이었습니다. 그런데 이 비참하고 고통스러운 여인의 입에서 '예배'라는 거룩한 주제가 나왔습니다. 어느 누구에게도 꺼내 보이고 싶지 않은 과거를 가진 여인이 가장 하고 싶은 일이 예배를 통해 하나님께 가까이 나아가는 것입니다. 여인의 현실과 여인의 관심사 사이에 심각한 괴리가 있습니다. 이것을 어떻게 설명할 수 있을까요?

그 이유는 여인이 지금 자신의 삶을 회피하지 않고 용기를 가지고 직시했기 때문입니다. 예수님을 믿는다는 것은 과거를 청산한다는 것입니다. 새로운 삶, 새로운 미래, 새로운 생명, 새로운 꿈이 시작됐다는 것입니다. 현실은 지금 당장 바뀌지 않을 수 있습니다. 하지만 예수님을 믿는다는 것은 세상이 회복된다는 것이 아니라, 내가 회복되는 것을 말합니다. 세상도, 나를 대하는 사람들의 태도도 변하지 않았을 수 있지만, 세상과 사람들을 바라보는 나의 눈과 마음의 능력이 달라지는 것입니다. 이것이 예수님의 생명이 내 안에 살아있다는 증거입니다.

도저히 용서할 수 없을 것 같은 사람을 품을 수 있게 됩니다. 이 능력이 어디서 비롯되는 겁니까? 나를 모함하고 욕하고 비방하는 그 사람을 위해 기도하게 됩니다. 이 능력이 어디서 생겼습니까? 사람을 불쌍히 여기게 되고, 무릎 꿇고 하나님께

겸손히 나아가게 된 이 능력은 누구로부터 주어진 겁니까?

이 능력은 돈으로도, 이 세상 권세로도 구할 수 없는 것입니다. 다만 주님의 과분한 사랑을 체험한 사람만이 용서할 수 있고, 품을 수 있고, 겸손할 수 있습니다. 이것이 주님을 만난 증거입니다. 주님을 만난 사람은 치유와 회복을 경험하게 되고 그것은 이 같은 능력으로 나타나게 됩니다.

말씀을 따라 회복되어야 한다

예수님도 이때를 기다리셨다는 듯이 말씀하십니다.

예수께서 이르시되 여자여 내 말을 믿으라 이 산에서도 말고 예루살렘에서도 말고 너희가 아버지께 예배할 때가 이르리라 요 4:21

예배는 장소가 중요한 것이 아님을 말씀하십니다. 도시든, 오지 마을이든 하나님은 사람이 예배하는 곳은 어디든 찾아오십니다. 하나님이 중히 여기는 것은 예배하는 장소가 아니라 예배하는 자의 태도입니다. 우리 마음의 중심과 태도를 보시는 하나님이야말로 살아 계신 하나님이십니다.

"이 산에서도 말고 예루살렘에서도 말고 너희가 아버지께 예배할 때가 이르리라"는 말씀은 예수님의 죽음을 의미합니다. 예수님이 어린양이 되어 십자가에서 우리의 모든 죄를 지고 돌아가실 때, 그때에 구약의 동물 제사가 폐하여지고, 하나님의 모든 율법이 완성되며, 우리가 하나님 앞에 담대히 예배로 나아갈 수 있게 됩니다. 우리 모두가 하나님을 예배하기 위해 지성소로 나아갈 수 있게 된다는 것입니다.

> 너희는 알지 못하는 것을 예배하고 우리는 아는 것을 예배하노니 이는 구원이 유대인에게서 남이라 요 4:22

"너는 예배를 모르고 하는 거고 우린 알고 하는 거야."

이 말은 사마리아인이 가장 듣기 싫은 말입니다. 정말 자존심 상하는 말입니다. 그런데 예수님은 잘나가다가 왜 이런 말씀을 하시는 겁니까? 이 또한 받아들여야 할 현실이기 때문입니다.

예배처소를 둘러싼 논쟁은 오랜 역사를 가지고 있습니다. 바벨론 포로 귀환 후 느헤미야 시대에 이스라엘은 성경을 근거로 예루살렘을 이스라엘의 정식 예배처소로 인정하게 됩니다.

오직 너희의 하나님 여호와께서 자기의 이름을 두시려고 너희 모든 지파 중에서 택하신 곳인 그 계실 곳으로 찾아 나아가서 신 12:5

예루살렘을 택하여 내 이름을 거기 두고 또 다윗을 택하여 내 백성 이스라엘을 다스리게 하였노라 하신지라 대하 6:6

한편, 북이스라엘의 수도였던 사마리아성에 사는 혼혈 출신 사마리아인들은 신명기 말씀(12:5)을 근거로 그리심산에 예배처소를 만들고 예배를 드렸습니다.

그리심산이 있는 세겜 지역은 자연적, 지리적인 조건들 때문인지 이곳에서 중요한 사건들이 많이 일어났습니다. 세겜은 아브라함이 가나안 땅에 들어와서 처음으로 하나님께 제단을 쌓은 곳으로, 그는 이곳에서 가나안 땅을 그의 후손들에게 주시겠다는 하나님의 약속을 받았습니다(창 12:6-7). 모세가 축복과 저주를 선포할 장소로 택한 곳도 세겜의 에발산과 그리심산이었습니다(신 27장, 수 8:30-35). 여로보암이 북이스라엘의 첫 수도로 삼은 곳이 세겜이었습니다. 앞서 이야기했듯이 사마리아 여인이 예수님과 이야기를 나누고 있는 야곱의 우물이 바로 있는 곳이 세겜입니다.

유대인과 사마리아인의 예배처소를 둘러싼 논쟁은 이때부터 시작되어 지금까지 이어지고 있는 것입니다. 사마리아인의 그리심산 예배처소는 하나님의 성전이라고 하면서 이방신도 함께 모시고 예배를 드렸기 때문입니다. 심지어 사마리아인들은 느헤미야 시대 때 예루살렘 성벽 사업을 무너뜨리고자 이방인들과 손도 잡았습니다. 예수님은 이번에는 사마리아 여인에게 신앙의 현실도 직시하게 하신 것입니다.

가문이 3대째 믿으면 뭐 합니까. 4대째 믿으면 뭐 합니까. 하나님 말씀과 상관없는 신앙을 가지고 전통을 내세우면 뭐 합니까. 하나님 말씀보다 전통과 인간의 생각과 조상의 유전을 중시했기에 예수님은 새 부대에 새 포도주를 담을 것을 요구하셨습니다. 중세 이후 종교개혁이 일어난 이유이기도 합니다.

그렇다면 오늘날 우리는 어떻습니까? 하나님의 말씀을 기반으로 한 신앙생활을 하고 있습니까? 교회는 성경적입니까? 찬양을 하고, 기도를 하고, 헌금을 하고 헌신을 하는 것이 혹시 전통과 관례에 따른 것이 아닙니까? 교회의 전통이 하나님 말씀보다 우선하지 않습니까?

신앙의 회복은 그래서 말씀에 비추어 잘못되고, 왜곡되고, 내 안에 무너져 있는 것이 무엇인지 발견하고, 그 부분을 치유하고, 말씀을 따라 회복하는 것입니다. 하나님 "동이 서에서 먼 것 같이 우리의 죄과를 우리에게서 멀리 옮기셨으며"(시 103:12)라고 하셨다면 그 말씀을 믿고 더 이상 나의 죄를 기억하지도, 돌아보지도 않는 것이 회복입니다. 그리고 좌절된 꿈을 찾아서 앞으로 나아가는 것까지 회복입니다.

여인의 관심은 예배

예수님은 여인의 개인적인 현실과 함께 민족적인 현실을 직시하게 하신 후 본격적으로 본론을 말씀하십니다.

아버지께 참되게 예배하는 자들은 영과 진리로 예배할 때가 오나니 곧 이때라 아버지께서는 자기에게 이렇게 예배하는 자들을 찾으시느니라 요 4:23

예배는 장소가 중요한 게 아니라 드리는 사람의 마음이 참인가 아닌가가 중요하다고 말씀하십니다. 하나님은 영과 진리로 참되게 예배하는 자를 찾으신다고 말씀하십니다.

하나님은 영이시니 예배하는 자가 영과 진리로 예배할지니라 요 4:24

예루살렘도 아니고, 사마리아 그리심산도 아닙니다. 서울도 아니고 경기도도 아닙니다. 하나님은 영이시기 때문에 육적인 예배는 받으실 수 없습니다. 오직 영적인 예배만 받으실 수 있습니다. 그러므로 신령(성령 안에서, in spirit)과 진정(진실되게, in truth)으로, 즉 하나님의 말씀 안에서 말씀대로 예배를 드리면, 그가 누구든지 어디에 있든지 하나님은 그 예배를 받으십니다.

예수님은 이토록 놀라운 진리를 이 상처 많고 고통스러운 인생을 사는 여인에게 전하시고 있는 것입니다. 그런데 여인의 반응이 참으로 놀랍습니다.

여자가 이르되 메시야 곧 그리스도라 하는 이가 오실 줄을 내가 아노니 그가 오시면 모든 것을 우리에게 알려 주시리이다 요 4:25

저는 여인의 이 고백을 듣고 정말 깜짝 놀랐습니다. 정말 대단한 고백입니다. 베드로의 위대한 고백과 비견되는 놀라운 것입니다.

주는 그리스도시요 살아 계신 하나님의 아들이시니이다 마 16:16하수가성 여인은 예수님을 만나 상처가 치유되고 회복되는 가운데 유대인과 사마리아인 사이에서 논쟁이 되었던 예배 문제를 꺼냈습니다. 놀랍게도 여인에게 이 문제가 가장 큰 고민이었고 가장 갈급한 문제였던 것입니다. 하나님을 만나고 예배드리는 것이 여인의 오랜 꿈이었던 것입니다.

모든 사람은 예배의 대상이 있습니다. 돈을 숭배하거나, 권력을 숭배하거나, 사람을 숭배하거나, 자신의 비전을 숭배합니다. 형식은 달라도 모든 사람에겐 간절히 바라는 대상이 있습니다.

여인의 오랜 꿈은 메시아를 만나는 것입니다. 그런데 그 꿈은 예루살렘에 갈 수 없는 자신의 신분 때문에 좌절되었습니다. 그러니까 그녀를 구원해 줄 메시아는 그녀의 꿈인 동시에 상처였습니다. 하나님의 형상을 따라서 지은 바 된 인간은 세상의 눈으로 보이는 것에 결코 만족할 수 없는 존재입니다. 그러니까 남편을 다섯이나 둔 고통스러운 현실을 사는 여인의 입에서 예배에 대한 주제가 나온 것입니다.

"우리 조상들은 이 산에서 예배하였는데 당신들의 말은 예배할 곳이 예루살렘에 있다 하더이다. 선생님은 어떻게 생각하세요? 그럼 우리 같은 사마리아인들은, 나 같은 천한 여자는 예배할 수 없는 건가요?"

여인의 이 갈급한 질문에 대한 예수님의 대답은 무엇입니까? 하나님이 받으시는 예배는 신령과 진정으로 드리는 예배라는 것입니다. 이것이 복음입니다. 복음을 들은 여인의 입에서 "여자가 이르되 메시야 곧 그리스도라 하는 이가 오실 줄을 내가 아노니 그가 오시면 모든 것을 우리에게 알려 주시리이다"라는 고백이 나오는 것은 당연합니다.

여인의 좌절된 꿈은 예배였고 메시아를 만나는 것이었습니다. 그런 여인에게 예수님은 예배가 무엇인지 분명하게 알려 주십니다. 이 복음을 전하기 위해 예수님은 일부러 사마리아를 통과하셨습니다.

24년 만에 한국에 와서 동창들을 만나 보니, 중고등학교 때는 하나님을 조롱하고 교회 다니는 친구들을 핍박하던 친구가 지금은 신실한 직분자로 교회를 섬기는 것을 보았습니다. 그래서 인생은 정말 모르는 것인가 봅니다. 어린 시절 선물받을 요량으로 성탄절에 교회에 갔던 것이 전부라 하더라도 하나님은 그 무심한 영혼에도 복음을 심어 놓으십니다. 그리고 어느 순간 하나님을 기다리는 소망을 갖게 하십니다. 사람은 하나님을 모르지만 하나님은 그들을 누구보다 잘 아시며 그들을 찾고 또 찾으시는 분입니다. 어떤 잘못, 어떤 죄를 지었더라도 하나님은 하나님을 찾는 자를 절대 외면하지 않으시며 직접 찾아와 만나 주십니다.

손수 찾아오신 주님을 만나기만 하면 오래전에 포기한 꿈이 되살아납니다. 내 안의 상처가 치유되고 회복되는 과정에서 나오는 현상입니다. 하나님은 우리로 하여금 그 꿈을 꾸게 하십니다. 그 꿈은 과거에 바라던 방식 그대로 이뤄지지는 않을지도 모릅니다. 하지만 하나님은 하나님의 방식으로 그 꿈을 소망하게 하시고 이루게 하십니다. 갈릴리 호숫가에서 물고기를 낚던 어부로 하여금 사람을 낚는 어부가 되게 하십니다. 이스라엘의 회복을 바라던 이에게 하나님 나라를 세우는 꿈을 꾸게 하십니다. 우리 모두를 향한 하나님의 비전이 있습니다. 그 비전은 절대 좀이 슬거나 썩어지지 않습니다. 그것을 발견하시기 바랍니다.

《팡세》를 쓴 철학자 파스칼은 하나님은 우리 인간 안에 당신만이 채워 줄 수 있는 공간을 만들어 두셨다고 말했습니다.

돈과 물질, 건강의 공간은 우리가 노력해서 채울 수 있습니다. 하지만 하나님이 따로 마련해 두신 공간은 어떤 것으로도 채울 수 없습니다. 오직 하나님 한 분만이 채울 수 있습니다.

퍼즐을 맞춰 본 경험이 있을 것입니다. 100개 중 99개를 맞추어도 나머지 하나가 비면 완성이 불가능합니다. 돈과 권력, 인간관계 등 내가 구할 수 있는 모든 퍼즐 조각을 갖고 있어도 하나님이 갖고 계신 하나의 퍼즐 조각이 없으면 인생에 만족은 없습니다. 그 하나의 조각은 예배를 통해 하나님을 만나야 채워질 수 있습니다. 예배, 그것이 참다운 회복입니다.

내 삶의 경배의 대상이 달라지는 것, 내 삶의 목마름을 해결하는 방법이 달라지는 것, 나를 만드신 하나님을 예배함으로 내 삶이 변화되는 것, 그것이 진정한 회복입니다. 그 예배의 문, 진정한 회복의 길을 열어 주신 분이 바로 예수님입니다. 그 회복의 생수를 날마다 주시는 예수님께 나아갑시다.

모든 퍼즐 조각을 갖고 있어도
하나님이 갖고 계신 조각이 없으면
인생에 만족은 없습니다.

상처가 치유되는 과정에서

가장 먼저 나타나는 특징은

'믿게 된다'는 것입니다.

믿음이 생기면 깊은 상처가 치유됩니다.

Chapter 3 • 회복
설교 영상 보기

Chapter 4
기쁨

"움켜쥔 손을 푸니 기쁨이 차오릅니다"

_ 요 4:25-29

평안과 기쁨은 하나님의 선물

미국 LA에 '생명의전화'라는 단체가 있습니다. 미주 한인들을 상대로 카운슬링하는 기독교 기관입니다. 지난 10년 동안 카운슬링한 내용을 가지고 통계를 냈더니 1위가 고독과 외로움이었습니다. 그리고 상담 내용의 80% 이상이 인간관계와 관련된 어려움이었고 나머지 20%가 물질과 직장과 관련된 어려움이었습니다.

"동포들 사이에서 우울증 증세가 점점 더 증가 추세를 보이고 있다. 누구한테도 의논하지 못하고 혼자 견디다가 기진맥진해서 상담원과 연결되면 첫마디가 '죽고 싶다'이다."

'미주 생명의전화' 대표인 박다윗 목사님의 전언입니다. 걸려온 전화 중에서 전화해 놓고 아무 말도 하지 않는, 이른바 침묵 전화가 전체 1위를 기록했는데 전체 통화량에서 가장 많았다고 합니다. 얼마나 힘들면 차마 말이 떨어지지 않는 것인지, 참으로 안타깝습니다.

찬송가 '이 세상에 근심된 일이 많고'(486장)도 고통스러운 우리 삶을 노래하고 있습니다.

1절. 이 세상에 근심된 일이 많고 참 평안을 몰랐구나

2절. 이 세상에 곤고한 일이 많고 참 쉬는 날 없었구나

3절. 이 세상에 죄악된 일이 많고 참 죽을 일 쌓였구나.

근심된 일이 많아서 평안이 없는 인생, 참 쉼이 없는 곤고한 인생, 죄악이 많아 죽을 일밖에 없는 인생…. 그런데 환경 때문에 인생이 고통스럽기도 하지만 그보다 내 마음에 평안이 없어서 인생이 고통스럽습니다. 남들이 부러워하는 환경과 조건을 갖추고 있어도 평안이 없으면 죽고만 싶은 인생인 겁니다.

마음의 평안, 어떻게 얻을 수 있습니까? 성경은 평안을 하나님을 만나는 자가 받게 되는 하나님의 선물이라고 말하고 있습니다. 그러니까 평안은 세상이 결코 줄 수 없는 것입니다. 하나님만이 주실 수 있습니다.

평안을 너희에게 끼치노니 곧 나의 평안을 너희에게 주노라 내가 너희에게 주는 것은 세상이 주는 것과 같지 아니하니라 너희는 마음에 근심하지도 말고 두려워하지도 말라
요 14:27

평안은 하나님의 평안입니다. 세상이 지어 낼 수 없는 평안입니다.

내가 이것을 너희에게 이름은 내 기쁨이 너희 안에 있어 너희 기쁨을 충만하게 하려 함이라 요 15:11

기쁨 역시 하나님의 기쁨입니다. 이 기쁨이 우리 안에 있으면 충만한 기쁨이 되는 것입니다. 충만한 기쁨, 참된 기쁨은

인간이 어떻게 만들어 낼 수 없는 것입니다. 예수님은 이 평안, 이 기쁨을 우리에게 주시겠다고 약속하십니다.

사람들은 인격의 성숙과 성장을 위해 명상도 하고 묵상도 합니다. 실제로 꾸준한 노력으로 남다른 인격을 소유하게 되기도 합니다. 하지만 성경은 평안과 기쁨이 사람의 노력으로 만들어 낼 수 있는 게 아니라고 분명히 말하고 있습니다. 저는 이것이 기독교가 다른 종교와 다른 점이라고 생각합니다.

하나님의 나라는 먹는 것과 마시는 것이 아니요 롬 14:17 상

먹는 것과 마시는 것, 쓸 것은 반드시 있어야 합니다. 하지만 하나님 나라는 그보다 더 중요한 성령 안에 있는 세 가지, 즉 의와 평강과 기쁨이 있는 곳입니다.

오직 성령 안에 있는 의와 평강과 희락(기쁨)이라 롬 14:17 하

이때 희락은 Joy, 기쁨을 뜻합니다. 헬라어로 '카라'입니다. 신약성경에서 이 '카라'가 2천 번 이상 나오는데 '행복'이라는

단어와 구분해서 써야 합니다. 행복은 어떤 것의 결과라면, 기쁨은 어떤 상황에도 흔들리지 않는 것을 말합니다. 원래 행복이라는 단어 'happiness'의 여러 어원 중 하나는 'happen'으로 환경에 따라 일어나는 마음의 상태입니다. 기쁨보다 훨씬 가벼운 의미입니다.

하나님이 주시는 평강과 기쁨은 세상이 제공하는 먹고 마시는 데서 생기지 않습니다. 물론 먹는 즐거움과 기쁨이 있습니다. 이 기쁨 역시 하나님이 주시는 기쁨입니다. 하지만 하나님 나라에 속한 사람들이 갖게 되는 평안과 기쁨은 먹고 마시는 환경을 초월합니다. 이슬람권에서 태어났으나 예수를 믿게 된 사람이 온갖 핍박과 위험을 감수하면서도 평안과 기쁨을 누릴 수 있는 이유는 그것이 하나님이 주시는 것이기 때문입니다. 이 평안과 기쁨은 환경과 먹고 마시는 것을 초월하는 다른 차원의 평안이고 기쁨이기 때문입니다.

변화는 환경을 초월할 때 일어납니다. 변화는 일상의, 루틴의 파괴입니다. 그런데 그 변화를 가져오는 것이 바로 환경을 극복하게 해주는 내적인 능력입니다. 즉 어떤 것에도 흔들리지 않는 평강과 기쁨이 우리 안에 있으면, 외부의 적이든 고난이든 우리가 온전히 이길 수 있게 됩니다.

수가성 여인이 예배가 갈급한 이유

수가성 여인이 예수님을 만나기 전에 이 평안과 기쁨이 있었을까요? 남편이 다섯이나 되는 환경이 수치스러워서 아무도 나오지 않는 정오에 물을 길러 나오는 여인입니다. 당연히 친구도 없고 이웃도 없습니다. 마음을 나눌 사람이 없는 사람에게 평안이 있을 리 만무하죠. 기쁨이 있을 리 만무하죠.

여인은 한때 이 평안과 기쁨을 얻기 위해 이것저것 시도해보았을 것입니다. 하지만 손에 쥐어진 건 공허함이요, 고독이요, 외로움이었습니다. 이제 우리는 이 여인이 그토록 예배를 갈망한 이유를 알 것 같습니다. 평안을 얻기 위해서입니다. 기쁨을 얻기 위해서입니다.

파스칼이 말한 하나님이 만드신 공간을 채우기 위해 사람들은 수가성 여인처럼 예배의 대상을 찾습니다. 초월적인 존재(supreme being)를 찾습니다. 어떤 사람은 인간을 숭배하고 어떤 사람은 동물을 숭배합니다. 어떤 사람은 돈을 숭배하고 어떤 사람은 권력을 숭배합니다. 심지어 어떤 사람은 자신을 숭배의 대상으로 삼습니다. 그래서 예수님이 사마리아인들은 알지 못하는 것을 예배하고, 유대인들은 아는 것을 예배한다고 말씀하셨습니다.

이것은 오늘 우리에게도 하시는 말씀입니다. 많은 사람이 마음의 허전함과 외로움, 공허함을 채우려고 예배를 합니다. 그들은 예배의 대상이 하나님이 아니어도 상관없습니다.

하지만 예수님은 분명히 말씀하십니다. 예배처소도 아니고, 전통도 아니고, 특정한 민족도 아니고 예배는 오직 하나님을 예배하는 것이라고 말씀하십니다. 우리가 예배할 대상은 오직 하나님 한 분뿐이라는 것입니다. 그 하나님을 위해 신령(하나님의 영 안에서)과, 진정(하나님이 말씀하신 예배 방법대로)으로 예배할 때 하나님께서 평안과 기쁨을 선물로 주신다고 말씀하십니다. 하나님이 찾으시는 자도 바로 그런 예배를 드리는 자입니다.

그런데 이 사마리아 여인은 사마리아인임에도 불구하고, 그렇게 버려졌음에도 불구하고, 마치 유대인들처럼 학수고대하며 메시아를 기다리고 있었습니다. 메시아는 히브리어이고, 그리스도는 헬라어입니다. 모두 구원자라는 의미입니다. 여인은 하나님이 보내시는 그분, 하나님의 아들을 기다렸습니다. 그분은 여인의 비참한 인생을 구원해 줄 것입니다. 모든 상처를 싸매고 치료해 줄 것입니다.

상처가 많아서 입만 열면 불평이 쏟아지는 여인입니다. 고통으로 인해 쓴 뿌리도 생겼습니다. 하도 멸시를 받아서 고슴도치처럼 온몸에 가시가 돋았습니다. 그런 여인이지만, 그녀는 자신을 구원해 줄 메시아를 기다렸고 그분을 자신이 예배드릴 대상으로 믿었습니다. 이게 정말 놀라운 일입니다. 이방신이 즐비한 사마리아성에서 이런 믿음을 갖고 있다는 게 기적입니다.

우리가 하나님을 믿는 것 자체가 기적이며 하나님의 은혜인 줄로 믿습니다.

"내가 그다"

여자가 이르되 메시야 곧 그리스도라 하는 이가 오실 줄을
내가 아노니 그가 오시면 모든 것을 우리에게 알려 주시리
이다 요 4:25

정말 놀라운 고백입니다. 사마리아 여인은 고단한 인생을
살았지만 바른 믿음을 갖고 있었습니다. 그런데 문제가 있습
니다. 여인이 믿어야 할 대상을 제대로 가르쳐 주고 설명해
주는 사람이 없다는 것입니다. 그러니 그저 부르짖으며 기다
릴 뿐입니다. 나사렛에서 온 예수가 바로 메시아라고 알려 주
는 사람이 없어서 그저 갈급한 마음으로 기다리고 있는 것입
니다.

그래서 예수님이 굳이 사마리아를 방문하셨습니다. 이 여
인의 간절한 소원을 들어주기 위해 오셨습니다.

예수께서 이르시되 네게 말하는 내가 그라 하시니라 요 4:26

무슨 이야기입니까?

"여인이여, 네가 그토록 기다리던 그 메시아가 바로 너와 대화하고 있는 내니라."

얼마나 감동적인 장면입니까? 저는 이 구절을 읽을 때마다 가슴이 마구 요동칩니다. 하나님은 오늘도 우리에게 "바로 나다, 나라니까, 나라니께!"라고 당신을 밝히 보여 주십니다. 하지만 그분을 알아보는 사람은 극히 드뭅니다.

저는 목회를 하면서 가끔 이런 이야기를 듣습니다.

"목사님, 하나님이 제 인생에 그 일만 보여 주시면 제가 믿겠습니다. 하나님, 그 일 한 탕만 해결해 주시면 큰 탕을 하나님께 쏘겠습니다. 하나님, 제 사업의 요것만 상장되면, 이 사업의 문만 열리면, 축복해 주시면 제가 그때부터 목자 하겠습니다. 하나님, 제 자녀의 대학 문만 열어 주시면 제가 직분을 맡겠습니다."

어떻습니까? 어디서 많이 들어 본 얘기 같지 않습니까? 우리 자녀들이 이것만 해주면 공부하겠다고, 이것만 허락해 주면 교회 가겠다고 협박하는 수법 아닙니까? 그런데 우리도 똑같이 하나님이 그거 안 들어주시면 신앙생활하지 않겠다고 협박하는 얘기 아닙니까? 우리가 무슨 자격으로 하나님을 협박할 수 있습니까? 신앙생활은 하나님이 값없이 주신 은혜로 하는 것이지 조건을 붙일 수 있는 것이 아닙니다. 하나님이 무한한 사랑으로 내게 필요한 것을 이미 아시고 공급하시는데 자꾸 무엇을 달라고 협박한단 말입니까?

사마리아 여인을 보십시오. 비참한 여인, 버려진 여인, 고통으로 일그러진 여인이 "내가 바로 그다"는 예수님의 말씀을 듣고 물동이를 내던집니다. 그리고 마을로 냅다 뛰어갑니다. 이 복음을 이웃에게 알리기 위해서입니다.

3년 동안 동거동락하며 가르치던 제자들도 예수님이 메시아란 사실을 미처 깨닫지 못했습니다. 누구보다 예수님 가까이에서 말씀을 듣고 기적을 체험했지만, 예수님이 직접 '내가 그다'고 말씀하셨지만, 알아듣지 못했습니다. 예수님이 나를 본 자는 아버지를 보았다고 하니까 빌립은 아버지를 보여 달라고 딴소리를 했습니다(요 14:9).

그런데 이 여인을 보십시오. 예수님의 제자도 아니고, 유대인도 아닙니다. 그런데도 이 한 번의 만남을 통해서 그분이 메시아인 것을 믿음으로 받아들였습니다. 정말 목마른 사람이 생수를 마실 수 있습니다. 정말 배고픈 사람이 밥을 먹을 수 있습니다. 아직 생수를 마시지 못했다면 아직 목이 덜 마른 것입니다. 신앙은 목마름에서 시작됩니다.

물동이를 버려두고

그런데 예수님의 "네게 말하는 내가 그라"는 26절과 28절의 "여자가 물동이를 버려 두고 동네로 들어가서" 사이에 굉장히 많은 게 생략되어 있다는 생각이 듭니다. 26절과 28절 사이에는 마을로 먹을 것을 구하러 갔던 제자들이 돌아온 얘기가 끼어 있습니다. 제자들은 예수님이 사마리아 여인과 이야기를 나누는 것을 보고 벌어진 입을 다물지 못했을 것입니다. 사마리아를 통과해서 갈릴리로 가는 것도 못마땅한데 심지어 사마리아 여인과 말씀까지 나누시다니, 제자들은 예수님을 도무지 이해할 수 없었을 것입니다.

이때에 제자들이 돌아와서 예수께서 여자와 말씀하시는 것을 이상히 여겼으나 무엇을 구하시나이까 어찌하여 그와 말

쓸하시나이까 묻는 자가 없더라 요 4:27

제자들이 '이상히' 여겼다고 합니다. 정상적인 일로 안 여겼다는 겁니다. 하지만 제자들 중 이것을 가지고 시비를 거는 제자는 없었습니다. 이유가 뭡니까? 너무 어이없어서입니다.

이 장면 다음으로 여인이 물동이를 버려두고 마을로 가는 장면이 나옵니다. 여기에는 매우 문학적인 생략법이 사용되고 있습니다.

예수님이 '내가 바로 메시아'라고 말씀하시는 장면은 클라이맥스에 해당하는 장면입니다. 금방이라도 뭔가 극적인 일이 벌어질 것 같습니다. 그런데 성경은 여인이 물동이를 버려두고 마을로 갔다고 담담하게 기술하고 있습니다. 문장의 절제를 위해 생략법을 사용하고 있습니다.

그렇다면 요한복음의 저자는 무엇을 생략한 것일까요? 왜 생략한 것일까요?

요한복음은 사복음서 중에서 특히 두려워 말라, 평강, 기쁨 같은 단어를 많이 사용하고 있습니다. 그만큼 요한이 이 단어를 중요하게 여겼다는 방증입니다.

그런데 이 극적인 장면에선 이 단어를 굳이 생략하고 있습니다.

여인이 예수님으로부터 "그가 바로 나다"는 말씀을 듣고 과연 아무 말도 하지 않았을까요? 저라면 비천한 나를 위해 사마리아 땅까지 찾아오신 예수님으로 인해 감격해서 무슨 말이라도 했을 것입니다. 감사하다, 기쁘다, 너무 놀랍다, 아무 말이

라도 쏟아 냈을 것입니다.

그런데 요한은 그런 모든 가능한 대화를 생략합니다. 그리고 여인의 마음을 한마디로 표현하고 있습니다.

"여자가 물동이를 버려두고."

요한의 의도는 무엇일까요?

인생에서 가장 소중한 것을 발견했을 때, 우리는 지금껏 손에 움켜쥐고 있던 것들을 버려야 합니다. 그래야 이제 발견한 소중한 것을 움켜쥘 수 있으니까요. 주님이 주시는 것은 가장 좋은 것(best)입니다. 더 나은 것(better)이 아닙니다.

저는 미국에서 20년 넘게 살았고 그곳에서 타코마제일침례교회를 섬겼습니다. 아시는 분도 계시겠지만 타코마는 군사 도시입니다. 그래서 교인들 중에 파병 가는 젊은 군인이 많습니다. 미국인이든 한국인이든 상관없이 그렇습니다. 특수부대의 경우 6개월 이상 연락이 두절됩니다. 파병 간 남편을 기다리는 아내들을 볼 때 목회자로서 참 마음이 아픕니다. 임신 6개월인 아내를 두고 떠나는 남편의 마음은 오죽하겠습니까? 눈에 넣어도 아프지 않을 자식을 전쟁터로 보내는 부모의 마음은 또 어떨까요? 함께 놀아주고 항상 힘이 되어 주던 아빠를 마냥 기다려야하는 아이들의 마음은 가늠하기 어렵습니다.

제가 한 가지 배운 것이 있는데, 정말 큰 기쁨, 꿈에 그리던 기쁨이 차올랐을 때는 아무 말도 할 수 없다는 겁니다. 아프가니스탄으로, 이라크로 파병 갔던 남편, 아들, 아빠와 전혀 생각지도 못한 순간에, 그들의 평범한 일상에 예고 없이 닥친 만남이라면 말입니다.

이런 극적인 만남들을 모은 유튜브 영상들을 본 적이 있습니다. 파병 갔던 아빠가 수업 중인 아이의 교실에 예고 없이 나타났을 때, 집에 배달된 크리스마스 선물 박스에서 남편이 박차고 나왔을 때, 식당에서 밥을 먹고 있는 노부인의 옆자리에 파병간 아들이 갑자기 나타나 앉았을 때, 이들은 모두 한 마디도 못하고 소리만 지르거나 그저 울기만 했습니다. 왜냐하면 그들이 경험한 기쁨과 놀라움은 말로 표현할 수 없는 것이었기 때문입니다. 사마리아 여인도 이처럼 말로 표현하면 현실이 꿈이 되어 버릴까 봐 차마 말할 수 없는, 이러한 기쁨을 경험했을 것입니다.

"오, 주님! 주님이 진짜 맞으세요? 선생님이 정말 제가 그토록 기다리던 메시아세요? 정말 이곳에? 왜요? 왜? 왜 이런 곳에? 왜 나같이 천한 여인에게? 왜요?"

예수님의 "그가 나다"는 말씀을 듣고 여인의 마음에 요동치는 말이란 이런 것이었을 것입니다. 요한은 그 모든 말을 다 표현할 수 없어 '물동이를 버려두고'라는 말로 여인의 요동치는 기쁨을 표현하고 있습니다.

> 28 여자가 물동이를 버려두고 동네로 들어가서 사람들에게 이르되 29 내가 행한 모든 일을 내게 말한 사람을 와서 보라 이는 그리스도가 아니냐 하니 요 4:28-29

그리고 여인은 마을로 가서 자신이 들은 복음을 전합니다.

"동네 사람들이여, 와서 보세요, 내가 선지자를 만났는데 나에 대해서 다 알고 있어요. 여러분은 내가 어떤 과거를 가졌는지 잘 알잖아요? 여러분, 나 미워했죠? 나 비방했죠? 그런데 이분은 내가 말을 안 해도 나의 과거를 다 알고 있어요. 그분이 말하기를 자기가 메시아래요. 내가 보니 그분은 메시아입니다. 그리스도예요. 하나님의 아들이에요. 확실해요. 못 믿겠으면 와서 직접 보세요."

여인의 목소리는 격앙되어 있으나 확신에 차 있습니다. 무엇보다 이전에는 볼 수 없었던 기쁨이 여인을 충만하게 물들이고 있습니다.

"여러분, 내가 만났습니다. 그분이 그리스도입니다."

이 고백이 우리의 고백이 되어야 합니다. 이 외침이 우리의 외침이 되어야 합니다.

주님이 주시는 기쁨을 회복하라

당신은 지금까지 살면서 가장 기뻤던 순간이 언제입니까? 결혼했을 때, 첫아이 출산했을 때, 직장에서 승진했을 때, 보너스 나왔을 때, 자녀가 원하는 대학에 갔을 때… 사람마다 다 다를 것입니다. 하지만 그리스도인에게 가장 큰 기쁨은 예수님을 만난 일이어야 합니다. 1초도 망설이지 않고 이 대답을 할 수 있어야 합니다.

만일 세상이 주는 기쁨이 너무 커서 예수님을 만난 그 감격을 잊어버렸다면 회복해야 합니다. 구원받았지만 구원의 기쁨을 잃어버렸다면 회복해야 합니다.

나를 믿는 자는 성경에 이름과 같이

그 배에서 생수의 강이 흘러나오리라 하시니 요 7:38

우리가 예수님을 나의 구원자, 창조주라고 고백하는 것은 그분이 내 인생의 주인이라는 것을 인정하는 것입니다. 사람의 참된 주인은 우리를 창조하신 하나님 한 분밖에 없습니다. 중력을 넘어 달로, 화성으로 우주선을 발사하는 인간의 주인이 하나님이라는 고백은 우주의 창조주가 하나님이시라는 고백입니다. 그런 하나님을 발견한 기쁨보다 더 큰 기쁨이 어디 있겠습니까? 우주를 창조하시고, 운행하시고, 구원하신, 우주보다 더 크신 하나님을 사마리아에서, 수가성에서 만났는데 그보다 더 큰 기쁨은 없을 것입니다.

여인은 예수님을 만난 뒤 두려움과 수치심, 상처, 미움, 증오를 던져 버렸습니다. 물동이를 버려둔 여인이 버린 것은 사람들을 피해 뙤약볕에 물을 길러 나오는 비참한 여인의 인생이었습니다. 실패든, 좌절이든, 성공이든, 그런 것이 이제 더 이상 중요하지 않게 되었습니다. 인생 최고의 하나님을 만났기 때문에 그렇습니다. 그 기쁨이 이제까지 내가 붙든 것들을 내려놓게 했습니다. 이것이 바로 구원입니다. 이 구원의 기쁨과 감격 때문에 나와서 드리는 것이 예배입니다.

누구든지 목마르거든 내게로 와서 마시라 요7:37

목마른 자가 와서 마시라 하십니다. 얼마나 목이 마르십니까?

나를 믿는 자는 성경에 이름과 같이 그 배에서 생수의 강이 흘러나오리라 하시니 요7:38

지구촌교회에는 하나님을 만나 그 배에서 생수의 강이 흘러나오는 간증이 많습니다. 어떤 분은 임신을 했는데 유방에 혈종이 있어서 의사로부터 나을 가능성이 없다는 말을 들었습니다. 그런데 토요일 새벽에 일어나 새벽기도회를 라이브로 시청하는 중에 치료가 되었습니다. 약물치료나 시술보다 더 깨끗하게 사라져서 의사가 이것을 학술 자료로 사용하자고 했다고 합니다.

자녀가 매일 밤낮으로 K-팝을 듣는데 새벽기도 나온 뒤로 CCM찬양을 듣는다는 간증도 있습니다. 이혼하려고 작정한 어느 자매는 마지막으로 새벽기도회에 나가 보자 하고 남편을 위해 목놓아 부르짖다가 소망을 발견하기도 했습니다. 국가와 민족을 위해 중보기도 하다가 청년들이 비전을 품게 되기도 하고, 사명을 잃어버렸던 목회자 부부가 다시 사명을 회복하기도 하고, 선교를 하다 암에 걸린 선교사님 부부가 십자가 복음으로 다시 회복되기도 하고, 새벽제단에 처음 나와서 목놓아 기도하다가 중보기도에 헌신하기도 하고, 통성기도라는 것을 난생처음 하다가 30년 넘게 응어리진 마음의 상처를 치유받기도 했습니다.

이 모든 간증에서 공통된 것이 있습니다. 바로 기쁨입니다. 나를 변화시키는 기쁨을 소유하게 된 것입니다. 암을 치료받지 못할 수도 있습니다. 원하던 직장에 취직하지 못할 수도 있습니다. 우리를 힘들게 하는 환경은 변화되지 않아도 주님의 기쁨을 선물로 받으면 내가 변화됩니다. 변화된 나는 환경에 주눅 들지 않습니다. 환경으로 인해 절망하지 않습니다.

주님이 주신 기쁨으로 인해 변화된 사람은 신령과 진정으로 하나님께 예배드리게 됩니다. 그것이 하나님 아버지가 우리에게 원하시는 것입니다. 교회 안에서, 말씀 안에서, 예배 안에서 기쁨이 회복되기를 바랍니다.

생수를 마셔라

하나님을 만난 인생 최고의 기쁨은

이제까지 내가 붙든 것들을 내려놓게 합니다.

Chapter 4 · 기쁨
설교 영상 보기

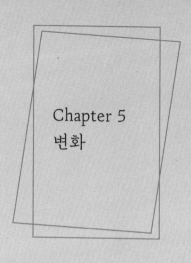

Chapter 5
변화

"대가를 치르더라도 변화하고 싶습니다"

_요 4:25-30

얼마나 목마른가

신앙생활에서 점검할 사항이 여럿 있지만 그중에 다음의 두 가지는 꼭 기억하시기 바랍니다. 하나는 '만족함'이고 다른 하나는 '목마름'입니다. 언뜻 보면 만족함과 목마름은 반대말인 것 같습니다. 하지만 성경은 균형을 강조합니다. 어느 한쪽으로 치우치는 것을 경계합니다.

첫째, 만족함은 감사하는 마음입니다. 우리는 모두 이 땅에 올 때 무엇 하나 걸치지 않은 채 왔습니다. 그런데 지금 어떻습니까? 옷도 입고 있고 잠잘 공간도 있고 달란트로 일도 합니다. 예배도 드립니다. 하나님의 은혜입니다. 이 은혜에 대해 감사하는 마음, 자족하는 마음이 '만족함'입니다.

> 6 그러나 자족하는 마음이 있으면 경건은 큰 이익이 되느니라 7 우리가 세상에 아무것도 가지고 온 것이 없으매 또한 아무것도 가지고 가지 못하리니 8 우리가 먹을 것과 입을 것이 있은즉 족한 줄로 알 것이니라 딤전 6:6-8

그렇습니다. 먹을 것과 입을 것이 있으면 족한 줄 알아야 합니다.

둘째, 목마름은 다른 말로 하면 거룩한 불만족입니다. 신앙생활의 성장과 나의 변화를 위해 끊임없이 갈급한 것입니다. 지금 내 수준에 만족하면 반드시 영적으로 퇴보하게 되어 있습니다. 이 말은 만족함이 없고, 감사하지 말라는 얘기가 아닙니다. 당연히 하나님의 은혜에 감사해야 합니다. 그리고 그 은혜에 대해 족한 줄 알아야 합니다. 그러나 동시에 예수님의 장성한 분량에 이르기까지 자라고자 하는 갈급함이 있어야 합니다. 이것은 그리스도인으로서 멈출 수 없는 비전입니다. 우리의 비전은 예수 그리스도를 닮아 가는 것입니다.

어르신들이 예배드리는 것을 보면 육신의 장막은 무너져도 영적인 기쁨은 충만한 것을 봅니다. 육신에는 한계가 있지만 영적인 성장에는 한계가 없기 때문입니다.

지금까지 사마리아 여인의 변화는 참으로 놀랍습니다. 예수님과 단 한 번의 만남으로 완전히 변화되었습니다. 그런데 과연 이 한 번의 만남으로 그 여인이 변화된 것일까요?

그렇지 않습니다. 예수님과 나눈 여인의 대화를 보면 여인의 변화는 이미 발화점에 이르고 있었습니다. 여인의 예배에 대한 깊은 관심은 변화에 대한 간절한 소망과 다름없습니다. 그러나 그녀의 현실은 비참했고 고통스러웠습니다. 이 극심한 현실의 고통은 여인으로 하여금 메시아에 대한 소망을 더 간절하게 만들었습니다. 이 열망은 누군가 불만 붙이면 금방이라도 폭발할 지경이었습니다. 예수님은 이때 여인을 찾아오셨습니다.

제가 영적 성장을 이야기할 때 자주 쓰는 말이 있습니다. 영어로 'tipping point' 혹은 'boiling point'라고 합니다. 물이 끓는 시점, 한문으로는 '임계점'(臨界點)이라고 할 수 있습니다. 물은 압력에 따라서 약간씩 차이가 있을 수 있지만 95℃에서도 끓지 않고 97℃에서도 끓지 않고 99℃에서도 끓지 않습니다. 물의 임계점은 100℃입니다. 인생의 변화는 이 임계점에 다달아야 일어납니다. 1℃만 모자라도 변화가 일어나지 않습니다.

이 임계점은 얼마나 목마른가에 달려 있습니다. 변화에 대해 얼마나 목마른가가 변화를 일으킵니다. 오랜 세월 여인의 목마름은 임계점을 향하고 있었습니다. 인생이 고통스러울수록, 고달플수록, 외로울수록 메시아를 향한 갈급함은 더 커져 갔습니다. 더 이상 물러설 곳이 없을 때 마침내 예수님이 찾아오셨고 변화가 일어났습니다.

지구상에 살아가는 그리스도인 중에 3분의 1 이상은 이러한 핍박과 극심한 고통 가운데 노출된 사람들입니다. 그들만큼 메시아를 애타게 기다리고 있는 사람들도 없는 것 같습니다.

예수님의 제자들도 마찬가지였습니다. 사도행전 2장에는 마가의 다락방에 모인 제자들의 이야기가 소개되어 있습니다. 요엘서 2장에서 예언한 대로 성령의 체험을 하고 그들은 완전히 다른 사람이 되었습니다. 그런데 이 변화는 하루아침에 일어난 것이 아닙니다. 그들은 적어도 3년이라는 기간 동

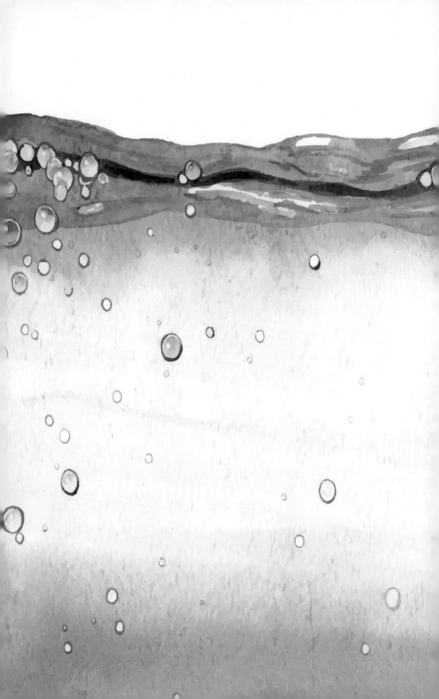

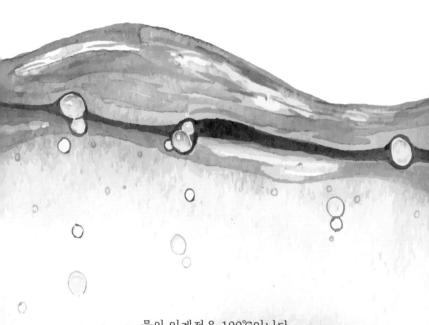

물의 임계점은 100℃입니다.

인생의 변화는 이 임계점에 다달아야 일어납니다.

더 이상 물러설 곳이 없을 때

예수님이 찾아오십니다.

안 예수님과 동고동락하며 하나님의 말씀을 들었습니다. 더구나 그들은 태어나는 순간부터 메시아를 기다리는 소망을 품고 살았습니다. 그렇게 기다리던 메시아, 그리스도가 십자가에 달려 돌아가실 때 그들은 배신을 하고 도망을 갔던 아픈 경험도 했습니다. 부활하신 예수님을 만난 뒤 그분이 바로 그리스도라는 사실을 분명히 알았습니다. 이제 더 이상 의심할 수도 없고 물러설 수도 없는 상황입니다. 그런 그들에게 성령님이 찾아오셨고, 마침내 변화가 일어났습니다.

사람은 언제 변할까

아이들과 얘기하다 보면 뜻하지 않은 통찰을 얻을 때가 있습니다. 오래전 제 딸에게 이런 질문을 한 적이 있습니다.

"사람은 언제 변화되지?"

철학적인 질문을 어린 딸에게 한 것입니다. 그때 딸이 이렇게 말했습니다.

"에이! 아빠는 목사님이면서 그것도 몰라? 예수님을 만날 때지!"

무릎을 치는 답이었습니다. 제가 또 질문했습니다.

"그럼 예수님을 언제 만나지?"

"아빠! 사람들이 인생에서 바닥을 칠 때 예수님을 만나는 거야!"

당시 딸은 열두 살이었습니다. 그 어린아이가 이렇게 놀라운 답변을 했습니다. 열두 살 아이도 인생을 압니다. 사람은 가장 목마른 순간에 하나님을 찾게 되어 있습니다. 겉으론 멀쩡해 보여도 매일 탄식과 울부짖음으로 임계점을 향해 갈 때 하나님을 만나게 되어 있습니다.

열두 살 딸아이는 사람이 변화하는 때에 대해 또 다른 답도 내놓았습니다.

"내가 이렇게 엉망으로 살았구나'라고 느낄 때."

자기 인생을 반추하는 순간 사람은 변화를 맞는다는 것입니다. 과거의 삶을 뉘우치고, 새로운 삶을 시작하고 싶을 때 사람은 변화를 향해 몸을 돌리게 됩니다.

"아빠, 사람은 우선순위가 바뀔 때 변화되는 것 같아."

딸아이는 세 번째 답도 내놓았습니다. 우선순위를 바꾼다는 것은 가치관에 변화가 생겼다는 의미입니다. 내가 소중하게 여기는 것이 이전과 달라졌을 때 우선순위가 바뀌게 됩니다. 이미 변화되고 있는 것입니다.

"아빠! 내가 생각해 보니까 사람은 동기가 부여될 때 변화되는 것 같아."

딸아이의 마지막 대답이었습니다. 과연 그렇습니다. 책을 읽든지, 사람을 만나든지, 말씀을 읽거나 설교를 통해 말씀을 듣든지, 변화에 대한 동기가 부여될 때 사람은 변화하게 됩니다.

열두 살 어린아이의 대답치고 정말 놀랍지 않습니까? 어찌 보면 인생은 어린아이도 이해할 수 있을 만큼 단순한 것인지도 모릅니다.

변화는 곧 일상의 파괴입니다. 다람쥐 쳇바퀴 돌듯 매일 습관적으로 반복하던 패턴을 깨는 것입니다. 처음엔 낯설었고, 설레었고, 자극이 되었던 것이 습관이 되면 매너리즘에 빠지게 됩니다. 변화는 이 매너리즘을 깨는 것입니다.

이 매너리즘에서 벗어나려면 딸아이의 대답처럼 인생이 바닥을 칠 때, 어느 순간 자기 삶을 반추하며 반성하게 될 때, 소중한 것의 우선순위가 바뀔 때 그리고 동기부여가 있을 때, 탈

출을 시도하게 됩니다. 그리고 적극적으로 탈출할 수 있는 동기는 변화에 대한 갈급함입니다.

누가 변화할까

사마리아 여인은 그 갈급함이 임계점을 향해 끓어오르고 있었습니다. 삶이 치욕스럽고 고통스러울수록 그 갈급함은 더 커져 갔습니다. 예수님이 "네 남편을 데려오라"는 뼈아픈 지적을 했을 때, 사마리아 여인은 예수님을 알아보았습니다. 그때까지 유대 남자라고만 알고 있었는데 이분이 메시아구나, 나를 구원할 그리스도이시구나를 깨닫게 된 것입니다.

하나님을 만나는 순간, 우리는 이 여인처럼 하나님은 내 모든 것을 알고 계시구나를 깨닫게 됩니다. 내 인생이 고통스러웠을 때 하나님이 내 곁에 계셨구나, 내 인생이 치욕스러웠을 때 나를 외면하지 않고 지키고 계셨구나를 깨닫게 됩니다. 그래서 과연 하나님은 하나님이시구나를 깨닫게 됩니다.

제가 한국을 떠날 즈음에 유행하던 노래가 있습니다 가수 조하문 씨의 '그 아픔까지 사랑한 거야'입니다. 우리가 믿는 하나님은 내가 잘나고 훌륭하고 착하고 성공해서 나를 사랑하시는 분이 아닙니다. 육신의 부모도 자식을 그런 기준으로 사랑하지 않습니다. 하나님은 내 실패와 아픔, 죄와 실수, 잘못, 치욕까지 사랑하십니다. 누구한테도 들키고 싶지 않은 치부까지도 사랑하십니다. 하나님은 우리를 어떠하든지 사랑하기로 작정하신 분입니다.

'네 남편을 데려오라'는 예수님의 요구는 여인을 더 이상 물러설 곳이 없게 만들었습니다. '남편이 다섯이나 있었지만 지금 있는 남편도 네 남편이 아니라'라는 말씀을 듣고 여인은 이제 더 이상 도망가선 안 된다고 느꼈습니다.

"네, 주님 저는 남편이 없습니다."

여인은 자신의 현실을 직시했을 뿐 아니라 인정했습니다.

하나님은 지금도 우리에게 말씀하십니다.

"가서 네가 그토록 소중히 여기는 돈을 가져와라."

"가서 네가 그토록 목숨보다 소중히 여기는 명성, 자존심을 가져와라."

"가서 네가 그토록 좋아하는 술친구들 데려와라."

"가서 네가 우상처럼 떠받드는 자녀를 데려 와라."

이때 'Wait a minute'를 외치는 사람은 변화되지 않습니다. "주님, 가져올 테니 구경만 하세요. 빼앗지는 마세요" 하는 사람도 변화되지 않습니다. 아직 인생이 바닥을 치지 않은 사람입니다. 하나님을 하나님으로 인정하지 않는 사람은 변화될 수 없습니다.

여인의 대답은 변화될 수밖에 없는 대답이었습니다.

"주님, 사실 저는 남편이 없습니다. 돈과 명예와 성공과 남편과 자녀를 가지면 얼마나 좋을까 싶어 이것저것 시도해 보았지만 아무것도 제 마음을 만족시켜 주지 않았습니다."

자기 삶을 정직하게 대면하는 사람에겐 진정한 변화가 일어납니다. 승승장구하고 성공적인 삶을 살고 있을 때는 자신과 정직한 대면을 할 수가 없습니다. 거기에 취해서 정직한 눈을 갖기 어렵습니다. 실패하고 좌절하고 더 이상 물러설 데가 없을 때 말간 눈을 갖게 되고 자기와 대면할 수 있습니다.

제가 고3 때 자율학습을 하고 집에 돌아오면 밤 11시였습니다. 집으로 가는 길에 습기 가득한 지하 예배당에 들러 통성으로 기도하고 목청껏 찬양하다 집에 돌아가곤 했습니다. 그때 처음으로 통성기도라는 걸 해봤지요. 당시 불렀던 찬양(찬송가

280장)이 이것입니다.

천부여 의지 없어서 손들고 옵니다
주 나를 외면하시면 나 어디 가리까
내 죄를 씻기 위하여 피 흘려 주시니
곧 회개하는 맘으로 주 앞에 옵니다

하나님께 "하나님, 제발 살려 주세요"라고 항복하는 노래입니다. 자신을 죽이려고 달려오는 형을 만나러 가는 야곱과 이삭을 제물로 바치러 가는 아브라함도 이같이 고백했습니다. 다윗이 간음한 죄가 탄로 났을 때 무너져서 부른 노래입니다. 하나님께 항복하는 사람은 마침내 변화하게 됩니다.

대가를 치르는 순종이 변화를 일으킨다

어떤 인생도 쉽지 않습니다. 누구나 생로병사를 겪고 고난을 겪으며 인생을 살아갑니다. 이 위기의 순간에 하나님이 내민 손을 붙잡는 사람이 있는가 하면 뿌리치는 사람이 있습니다. 사마리아 여인처럼 하나님을 하나님으로 인정하고 자기 자신을 정직하게 대면하여 변화되는 사람이 있는가 하면, 하나님을 인정하지 않고 고집을 부리며 더 속물이 되거나 더 부정적인 사람으로 변질되는 사람이 있습니다. 위기는 성장의 변곡점이 되기도 하지만 몰락의 변곡점이 되기도 합니다.

많은 사람이 변화를 추구합니다. 변화는 성숙의 다른 말입니다. 모든 사람이 변화되고 싶고 성숙하고 싶지만 모두 변화되고 성숙되지 않습니다. 이유가 무엇입니까?

변화하고 싶지만 변화로 인한 대가는 치르고 싶지 않기 때문입니다. 사마리아 여인은 예수님이 그토록 기다리던 메시아란 사실을 알고 나서 그녀 삶의 수치의 상징인 물동이를 버렸습니다. 제자들은 예수님의 부르심을 받고 고깃배를 버렸습니다. 바나바는 전 재산을 바쳤습니다. 바울은 삶을 드렸습니다. 변화에 따르는 대가이며 순종입니다. 이 순종이 변화를 결정짓습니다.

아 정말 이렇게 살아선 안 된다고 깨달았다면, 죽을 것처럼 목이 마르다면 주님이 주신 생수를 마셔야 합니다. 어떤 대가를 치르더라도 순종해야 합니다. 그런데 순종하지 않는 이유가 무엇입니까? 아직 목이 덜 마르기 때문입니다. 아직 인생의 바닥을 경험하지 않은 겁니다. 선택은 우리에게 달려 있습니다.

그런데 많은 사람이 하나님을 탓하고, 조상을 탓하고, 환경을 탓하고, 부모를 탓하고, 이웃을 탓하고, 남을 탓합니다. '내 인생은 나의 것'이라며 집을 뛰쳐나간 뒤 실패하고 돌아올 때는 남 탓을 합니다.

독생자 아들까지 내어 주며 우리를 구원하시고 부활과 영생을 약속하신 하나님인데, 왜 그 하나님께 순종하지 않는 겁니까? 나 같은 죄인을 위해 물과 피를 다 쏟으며 사랑하시는 예수님께 왜 순종하지 않는 겁니까?

그것은 마음에 경작이 없기 때문입니다. 하나님은 씨를 뿌리십니다. 누구에게나 씨를 뿌리십니다. 씨가 열매를 맺기까지 자라려면 먼저 밭을 경작해야 합니다. 돌밭, 가시밭, 자갈밭을 갈아엎어야 합니다. 경작되지 않은 밭은 아무리 말씀을 듣고 깨달아도 그 씨가 자라지 않습니다.

오래 신앙생활했다고 밭이 저절로 경작되는 것이 아닙니다. 성경 지식이 많다고 밭이 경작되는 것이 아닙니다. 대를 잇는 믿음의 명문가라서 밭이 경작되는 것도 아닙니다.

기독교는 종교가 아닙니다. 생수입니다. living water, 우리 삶을 바꾸는 진리입니다. 요한계시록에서 차지도 덥지도 않은 미지근한 신앙은 주님께서 토해 내시겠다(계 3:16) 했습니다.

요한복음 3장에서 니고데모가 예수님을 찾아왔습니다. 천하의 바리새인이며 산헤드린 공회원인 니고데모가 명예와 자존심을 버리고 예수님을 찾아왔습니다. 당시 유대 종교 지도자들은 예수님을 싫어했습니다. 그러므로 니고데모가 예수님을 찾아갔다는 소문이 돌면 곤란한 처지가 될지도 모릅니다. 그럼에도 불구하고 니고데모가 예수님을 찾아간 것은 그만큼 갈급했기 때문입니다.

"선생님이여, 내가 어떻게 하여야 영생을 얻을 수 있습니까?"

니고데모의 질문에 예수님은 "너는 이스라엘의 선생으로서 이러한 것들을 알지 못하느냐"고 질타하셨습니다. 니고데모로선 자존심이 몹시 상하는 상황입니다. 다른 종교 지도자들 같았으면 예수님을 저주하며 떠나갔을 것입니다. 하지만 니고데모는 나중에 바리새인들에게 고난당하는 예수님을 변호했을 뿐 아니라 십자가에 돌아가신 예수님을 위해 아리마대 요셉과 함께 장례를 치러 주었습니다. 제자들도 두려워 뿔뿔이 흩어져서 예수님을 돌아보지 않는 상황에서 그들보다 잃을 게 많은 종교 지도자인 니고데모는 예수님 곁을 지켰습니다.

이것이 밭을 경작하는 모습입니다. 변화를 위해 대가를 치르는 모습입니다.

사마리아 여인도 '네 남편을 데려오라'는 예수님의 무리한 요구에 자존심이 상해서 화를 내며 떠날 수 있었지만 그러지 않았습니다. 도리어 자기 자신을 정직하게 대면하며 복음을 선택했습니다.

니고데모와 사마리아 여인은 다른 선택을 할 수 있었음에도 왜 이런 선택을 한 것일까요?

답은 한 가지입니다. 너무 목이 말랐기 때문입니다. 성경에서 예수님을 만나 변화된 사람은 모두 너무나 목 말랐던 사람들입니다. 부자 관원처럼 거짓으로 목이 마른 사람은 예수님을 만나러 왔다가 도망갔지만, 정말 목이 마른 사람은 예수님을 찾아와 문제를 해결받았습니다.

바리새인, 제사장과 같은 종교 지도자들은 예수님 곁에서 가장 오랜 시간을 머문 사람들 중 하나입니다. 하지만 그들은 목이 마르지 않았습니다. 이들은 잃을 게 너무 많은 사람들이라 예수님으로 인해 대가를 치르고 싶지 않았습니다. 그래서 나중에 예수님을 십자가에 못 박는 데 결정적인 역할을 하게 됩니다.

변화에는 증거가 있다

수가성 여인은 예수님이 메시아인 줄 깨달은 뒤 물동이를 버려두고 마을로 달려갔습니다. 거기가 어디입니까? 여인을 무시하고 멸시하고 모욕 주고 왕따시킨 사람들이 있는 곳입니다. 그런데 그런 사람들이 사는 마을에 가서 여인이 한 일이 무엇입니까?

> 내가 행한 모든 일을 내게 말한 사람을 와서 보라 이는 그리스도가 아니냐 하니 요 4:29

여인은 복음을 전했습니다. 여인을 그토록 힘들게 하던 사람들을 가장 먼저 찾아가서 복음을 전한 것입니다. 어떻게 이것이 가능합니까? 변화되었기 때문입니다. 이전의 그녀라면 도저히 할 수 없는 일을 이 여인은 담대하게 하고 있습니다.

그런데 여기서 또 놀라운 일이 벌어집니다. 평소에 무시하고 멸시하고 모욕 주던 여인의 복음을 듣고 사람들이 예수님을 찾아간 것입니다.

그들이 동네에서 나와 예수께로 오더라 요 4:30

어떻게 이런 일이 일어날 수 있는 겁니까? 사람들은 여인의 확신에 찬 표정과 말투, 행동에 놀랐을 것입니다. 사람들과 마주치지 않으려고 한낮에 물을 길러 가던 여인이 아닙니까? 그런데 이전과 완전히 다른 사람이 된 것입니다.

변화는 이처럼 다른 사람이 인정해야 합니다. 내 남편이 인정해야 변화입니다. 내 아내가 인정해야, 내 자녀가 인정해야, 가장 가까운 사람들이 인정해야 변화입니다. 스스로 주장한다고 변화된 것이 아닙니다. 예수님은 혼자 믿는 것이 아닙니다.

'저 여자가 이럴 여자가 아닌데… 저렇게 확신에 차서 소리치는 것을 보니 뭔가 있기는 있는 모양이다. 밑져야 본전인데 이 여인을 따라 예수라는 사람을 한번 만나 보기나 하자.'

동네 사람들은 여인을 변화시킨 예수라는 사람이 궁금했습니다. 무엇이 이 여인을 완전히 다른 존재로 만들었는지 알고 싶었습니다.

여자의 말이 내가 행한 모든 것을 그가 내게 말하였다 증언하므로 그 동네 중에 많은 사마리아인이 예수를 믿는지라

요 4:39

여인의 증언을 듣고 마을 사람들이 예수님을 믿었습니다. 예수님이 나보다 나를 더 잘 아신다고, 그분이 영원히 목마르지 않는 생수를 주시겠다고 했다고, 우리가 기다리던 메시아가 바로 그분이라고 증언하자 사람들이 그 말을 듣고 예수님을 믿었다는 겁니다.

전도는 이렇게 하는 것입니다. 내 삶에 일어난 변화를 통해

서 상대방이 예수님을 궁금히 여기게 만드는 것입니다. 환경이 변했거나 고난이 해결된 것은 아니지만 이전에 볼 수 없던 확신과 담대함을 보고 사람들은 내가 변화된 것을 알아봅니다. 그리고 그 변화가 어디서 비롯된 것인지 궁금해합니다. 그렇게 궁금해서 물어보는 사람에게 그 변화의 원인이 예수님임을 소개하면 됩니다.

예수를 믿고도 변화가 없는 사람에게 사람들은 아무런 흥미를 느끼지 않습니다. 그런 사람이 전하는 예수님도 전혀 흥미롭지 않습니다.

그래서 전도를 제일 잘하는 사람이 지금 막 예수님을 만나 변화된 사람입니다. 지금 막 예수님을 만난 사람은 입만 열면 예수님을 자랑하기 바쁩니다. 반면에 전도를 제일 못하는 사람은 종교적인 매너리즘에 빠진 사람입니다. 어쩌면 저 같은 목회자일 수 있습니다. 몇 대째 믿는 믿음의 명문가이면서 행동하지 않는 지식인, 이런 사람은 예수님을 사랑하지도 자랑하지도 않을 수 있습니다. 가장 위험한 사람입니다.

저는 얼마 전에 은행에 갔다가 두 분을 전도했습니다. 차지도 덥지도 않아서 주님이 역겨워하는 신앙인이 되지 않기 위해, 제가 죽지 않으려고 저는 일부러 전도하기를 힘씁니다. 우리 주변의 식당과 편의점, 카페, 은행이 제가 죽지 않을 수 있는 예루살렘입니다.

예수님이 수가성 여인과 함께 동네에 들어간 것이 아닙니다. 여인 혼자서 동네에 들어갔습니다. 그런데 이 여인의 변화된 모습에 사람들이 귀를 기울였습니다. 여인의 형편이 이전보다 나아진 게 아닙니다. 다섯 남편을 가진 여인의 굴곡진 인생이 한순간 순탄하게 펴진 게 아닙니다. 여인을 괴롭히던 사람들이 잘못했다, 용서해 달라고 말한 적도 없습니다. 변한 건단지 여인이었을 뿐입니다. 이 변화가 동네를 변화시키고 있는 겁니다.

28절 말씀에서 드러난 여인의 변화는 다음과 같습니다.

첫째, 물동이를 버려두고. 지금 삶의 우선 순위를 바꿔 버렸습니다.

둘째, 마을로 달려갔습니다. 마을은 자신을 멸시하는 장소, 가고 싶지 않은 장소입니다. 하지만 현실을 직시했습니다.

셋째, 사람들에게 이르되. 자신을 모욕하고 멸시하던 사람들에게 달려가 복음을 전했습니다. 왜요? 그들도 유대인들한

생수를 마셔라

144

테 멸시받는 사마리아인이니까요. 예수님을 만나고 보니 나를 괴롭히던 사람들이 내 동족이요, 내 가족인 겁니다. 그래서 그들에게 가장 먼저 달려가 복음을 전한 겁니다.

이 여인의 변화를 보고 사람들이 예수님을 믿었다고 합니다. 얼마나 변화되어야 이런 일이 일어나는 걸까요? 이 여인이 대가를 치른 만큼입니다. 순종했던 만큼입니다. 목말랐던 만큼입니다.

성경에 죄악이 하나님께 혹은 하늘까지 차올랐다는 표현이 나옵니다. 마찬가지로 우리의 목마름이 하나님께 차오르기를 바랍니다. 변화를 위한 우리의 간절함이 하나님께 차오르기를 간절히 원합니다. 그 변화를 위해 대가를 치를 순종의 마음이 있기를 간구합니다.

정말 목이 마른 사람은
예수님을 찾아와 문제를 해결받습니다.
갈급함이 임계점을 향해 끓어오를 때
마침내 변화될 수 있습니다.

Chapter 5 · 변화
설교 영상 보기

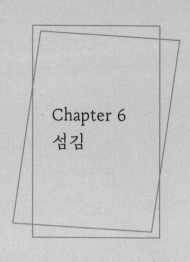

Chapter 6
섬김

"이제 우선순위가 바뀌었습니다"

_ 요 4:31-42

여인이 누린 자유함

앞에서 우리는 5가지 주제를 살펴보았습니다. 우선 '만남'은 예배 가운데 이뤄집니다. 주님을 만나고 예배하면서 우리 삶 가운데 '치료'가 일어납니다. 그리고 그 치료를 통해서 우리 삶이 '회복'되고 그 회복으로 인해 이전에는 맛보지 못한 '기쁨'이 넘쳐흐르게 됩니다. 그러면서 급진적인 '변화'와 점진적인 '변화'가 우리 가운데 일어나게 됩니다. 이것은 한 번에 끝나는 것이 아니라 예배로 하나님을 만나는 가운데 지속적이고 반복적으로 일어납니다.

엘리자베스 엘리엇(Elizabeth Eliot)은 20대에 남미로 선교를 갔다가 순교한 짐 엘리엇의 아내입니다. 그분이 이런 말을 했습니다.

"내가 여자라는 사실이 나를 특별한 그리스도인이 되게 하는 것이 아니라 내가 그리스도인이라는 것이 나를 특별한 여자가 되게 한다."

내가 특별한 존재이기 때문에 변화되는 것이 아닙니다. 내 안에 계신 예수님 때문에 특별한 변화가 일어나는 것입니다. 이 변화는 섬김으로 증거됩니다.

사마리아 여인은 이 세상에서 가장 비천하고 소외된 자의 표본이라고 할 수 있습니다. 당시 인구 수에도 포함되지 않는 여자인 데다 유대인이 그토록 싸잡아 경멸하던 사마리아인입니다. 더구나 사마리아 안에서도 그녀는 다섯 남편을 둔 관계로 마을 사람들로부터 멸시와 냉대를 받고 있습니다. 그런데 이 비참하고 비천한 여인이 예수님을 만나 변화되자 주변의 사람들을 긍휼히 여기게 되었습니다.

상식적으로 생각해 보면, 그토록 평생을 바라마지 않던 예수님을 만났다면, 예수님 곁에서 더 많은 시간을 보내고 싶을 것 같습니다. 예수님으로 인한 기쁨을 더 오래 만끽하고 싶을 것 같습니다. 그런데 여인은 그러지 않았습니다. 예수님을 만난 기쁨에 취해 있지 않고 물동이를 버려두고 마을로 들어갔습니다. 왜 갔습니까? 예수님을 전하기 위해서입니다.

저는 이것이 예배의 본질이라고 생각합니다. 여인은 예배의 대상인 예수님을 만난 뒤 자신을 고통스럽게 한 사람들을 만나러 갔습니다. 예수님을 만나 치료되고, 회복되고, 담대해진 그 힘을 가지고 복수를 하러 간 것이 아니라 예수님을 전하려고 갔습니다.

때로 복음으로 치료되고, 사랑으로 회복된 힘을 가지고 오히려 다른 사람들에게 상처를 주고 복수를 하는 사람들을 보게 됩니다. 그런 사람들은 사실 예수님의 보혈로 치료된 게 아닐 수 있습니다. 예수님이 우리에게 보여 주신 사랑과 희생은 그런 게 아닙니다. 예수님은 하나님을 반역하기를 일삼는 우리를 원수로 여기지 않고 사랑할 대상으로 여겨 희생을 마다하지 않으셨습니다.

"변화의 비밀은 모든 에너지를 과거와 싸우는 데 쓰는 것이 아니라 새로운 것을 만드는 데 있다."

소크라테스의 말입니다. 모든 사람이 변화를 원하지만 잘

못된 변화로 가는 것이 문제라는 거지요. 성경은 이 변화의 비
밀이 어디에 있는지 정확하게 이야기하고 있습니다.

그런즉 누구든지 그리스도 안에 있으면 새로운 피조물이라
이전 것은 지나갔으니 보라 새것이 되었도다 고후 5:17

그리스도 예수 안에서 이전 것은 지나갔다고, 하나님은 우
리의 허물을 더 이상 기억하지 않는다고 말씀합니다. 그러므
로 우리는 새것이 되었습니다. 보십시오. 이전 것은 지나갔으
니 새것이 된 여인이 여기에 있습니다.

여인은 이전의 괴로운 일을 생각하지 않습니다. 그녀를 괴
롭힌 마을 사람들을 분하게 여기지 않습니다. 새것이 된 여인
은 메시아를 만난 복된 소식을 전하는 데만 관심을 기울이고
있습니다. 여인이 이 복된 소식을 전하러 간 사람들은 다시 보
니 여인의 친족이요, 공동체요, 가족이었습니다. 절대 원수가
아닌 겁니다.

진리를 알지니 진리가 너희를 자유롭게 하리라 요 8:32

인간이 진리이신 예수님을 만나고 치유가 되면, 원수 같은 사람이라도 불쌍히 여기게 됩니다. 그래서 진리가 우리를 자유하게 하는 겁니다. 용서할 수 없는 사람을 용서할 수 있게 된다는 겁니다. 용서는 상대방을 불쌍히 여기고 긍휼히 여길 때 할 수 있는 것입니다.

나에게 상처를 주는 사람은 대개 나보다 육신적으로나, 물질적으로나, 사회적 신분으로나 더 나은 위치에 있는 사람입니다. 나보다 못한 사람이 상처를 주는 경우는 드뭅니다. 하지만 영적인 눈을 뜬 사람은 예수님을 모르는 어둠 가운데 있는 사람들을 불쌍히 여기게 됩니다. 영적으로는 내가 그보다 나은 위치에 있기 때문입니다. 이때 우리는 자유함을 맛보게 됩니다.

여인은 이 자유를 얻었습니다. 그래서 마을로 들어가기를 주저하지 않았습니다. 진리를 깨닫는 순간 선으로 악을 갚을 수 있는 능력이 생기게 된 것입니다. 복음은 사랑으로 멋지게 복수하게 합니다.

예배의 완성은 섬김

사마리아 여인이 진리로 자유해져 물동이를 버려두고 마을로 달려갈 때 이 놀랍고 감격스러운 상황에 찬물을 끼얹는 사람들이 등장합니다. 바로 제자들입니다. 제자들은 예수님이 사마리아 여인과 말을 섞는 것이 몹시 못마땅합니다. 하지만 입으로는 발설하지 않은 채 어렵게 구해 온 음식을 예수님께 권합니다. 성경은 예수님이 시장했고 몹시 목이 말랐다고 했습니다. 그런데 예수님은 음식을 권하는 제자들에게 엉뚱한 말씀을 하십니다.

이르시되 내게는 너희가 알지 못하는 먹을 양식이 있느니라
요 4:32

제자들은 "아니 우리 말고 또 누가 먹을 것을 사다 드렸나?" 하며 또 뜬구름을 잡습니다.

제자들이 서로 말하되 누가 잡수실 것을 갖다 드렸는가 하니 요 4:33

'우리가 수고해서 먹을 것을 마련해 왔으면 기다렸다 같이 드실 일이지 그새 무슨 음식을 드셨단 말인가. 하여튼 우리 주님은 이해가 안 되는 분이라니까.'

가장 가까이에 있는 사람이 문제일 수 있습니다. 예수님 곁에 있는 사람들이 봉창을 두드리곤 합니다.

예수께서 이르시되 나의 양식은 나를 보내신 이의 뜻을 행하며 그의 일을 온전히 이루는 이것이니라 요 4:34

예수님은 지금 육신적으로는 굉장히 주린 상태이지만 영적으로는 몹시 만족스러운 상태입니다. 특별새벽기도회에 참석하려면, 새벽 3시부터 일어나 목욕재개하고 준비하고 나와야 합니다. 밤늦게 귀가한 직장인들도 잠을 설치며 나와야 합니다. 그런데 이렇듯 육신적으로는 피곤해도 영적으로는 기쁨이 있습니다. 예수님이 지금 그런 상태인 겁니다.

성경은 한 영혼이 돌아오면 천국 잔치가 벌어진다고 말합니다. 예수님이 이 땅에 오신 이유가 한 영혼을 돌아오게 하기 위해서가 아닙니까? 복음을 증거하는 것이 예수님이 이 땅에서 하실 일이고, 그것이 하나님 아버지의 뜻을 이루는 일입니다.

그것이 예수님의 참된 양식이라면서 제자들이 알아들을 수 없는 말씀을 또 하십니다.

너희는 넉 달이 지나야 추수할 때가 이르겠다 하지 아니하느냐 그러나 나는 너희에게 이르노니 너희 눈을 들어 밭을 보라 희어져 추수하게 되었도다 요 4:35

눈을 들어 밭을 보라! 무엇을 보라는 겁니까? 사마리아 여인의 전도를 받고 예수님에게 몰려오는 사람들입니다. 예수님은 지금 그들로 인해 영적으로 배가 부르다고 말씀하시는 겁니다. 여인의 삶을 힘들게만 하던 사람들이 여인의 증언을 듣고 예수님께 나아오고 있으니 말입니다.

"너희들은 넉 달 후에야 추수하겠다 하지만, 아니야, 지금이야."

여인의 변화가 가져온 이 놀라운 장면을 예수님은 감격스럽게 보고 계십니다. 이것이 복음의 능력이고, 복음의 비밀이며, 복음의 신비요, 복음의 열매입니다.

참된 예배는 살아 계신 하나님을 경배하고 주님을 만난 기쁨으로 하나님과 사람을 섬길 때 완성됩니다. 예배는 영어로 'Worship Service'입니다. 하나님을 영화롭게, 사람들을 존귀하게 하는 것이 예배입니다.

요즘 많은 사람이 예배만 바라보는 구경꾼으로 교회에 옵니다. 구경꾼은 절대 예수님을 만날 수 없습니다. 변화될 수 없습니다. 모든 역사는 하나님을 만나는 예배에서 시작됩니다.

예수님을 사랑한다면 예수님을 자랑하게 되어 있습니다. 하나님을 예배한다면 하나님의 뜻이 무엇인지 알기에 하나님을 섬기는 것처럼 사람을 섬기게 되어 있습니다. 사마리아 여인이 그랬듯이 하나님을 만난 예배의 기쁨을 사마리아성으로 달려가서 분명하게 전하게 되어 있습니다. 그럴 때 예배가 완성됩니다.

공동체로서 성도들을 섬길 때 교회는 하나님의 능력을 힘입는 교회가 될 것입니다. 그 교회가 지역을 섬기고, 사회를 섬기고, 나라를 섬길 때 세상이 변화될 것입니다. 이것이 기적입니다.

사마리아 여인이 일으킨 것도 기적입니다. 죽은 나사로가 살아난 것도 아니고 나병환자가 치료된 것도 아니었습니다. 홍해가 갈라지는 기적을 체험한 것도 아니었습니다. 마을 사람들은 다만 여인의 증언을 듣고 예수님께 나아왔습니다. 예수님이 진짜 메시아인지 확인하러 갔습니다. 진짜 기적이 일어난 것입니다.

섬김이 일으키는 기적

거두는 자가 이미 삯도 받고 영생에 이르는 열매를 모으나니 이는 뿌리는 자와 거두는 자가 함께 즐거워하게 하려 함이라 요 4:36

무슨 말입니까? 예수님은 그동안 예수님의 길을 예비한 수많은 선지자들의 수고와 노력을 말씀하시고 있습니다. 구약의 선지자들과 침례 요한 같은 이들이 씨를 뿌리고 땀을 흘리며 고생했기 때문에 제자들이 그 덕으로 수확을 하게 될 것이라는 말씀입니다. 그리고 뿌리는 자나 거두는 자가 함께 기뻐하는 것이 하나님 나라라고 말씀하십니다.

주일에 선포되는 설교는 목회자 개인이 하는 것이 아닙니다. 모든 교인의 종합예술입니다. 누군가는 이 강대상을 위해 오랫동안 눈물로 기도하고, 누군가는 눈물의 복음의 씨앗을 뿌리며, 누군가는 오랫동안 목자로, 마을장으로, 주일학교 교사로, 찬양대로, 안내로, 주차 봉사로, 미디어나 방송으로 헌신을 합니다. 교회 공동체는 설교만 잘해서 되는 게 아닙니다. 모든 성도의 헌신이 합하여서 신앙 공동체라는 선을 이루는 것입니다. 복음을 전하는 것도 이곳저곳에서 헌신하는 성도들의 선한 영향이 합해질 때 복음이 전해집니다.

"제가 예수님을 믿도록 수십 년 동안 스무 명이 넘는 사람들이 저를 위해서 눈물로 기도하고, 애쓰고, 핍박도 받았어요."

최근에 예수님을 믿은 여인의 고백입니다. 그렇습니다. 하나님의 구원 역사는 종합예술입니다.

사마리아성에 놀라운 복음의 역사가 일어난 이유는 무엇입니까? 이 치유의 역사가 어디서부터 비롯되었습니까?

복음의 역사는 단순합니다. 예수님이 수가성 여인을 일부러 찾아와 만나 주셨습니다. 여인이 기꺼이 예수님을 받아들임으로 치유와 회복과 기쁨과 변화가 일어났습니다. 그리고 여인은 그 즉시 동네로 들어가서 자기가 만난 예수님을 증거했습니다. 사람들이 믿든지 안 믿든지 여인은 확신에 차서 복음을 전했습니다. 그로 인해 만남이 또 다른 만남을 가져오고, 치료가 또 다른 치료를 가져왔습니다. 회복이 또 다른 회복을 가져왔습니다. 기쁨이 또 다른 기쁨을 가져왔습니다. 그리고 이제 섬김이 또 다른 섬김을 가져올 것입니다.

39 여자의 말이 내가 행한 모든 것을 그가 내게 말하였다 증언하므로 그 동네 중에 많은 사마리아인이 예수를 믿는지라 40 사마리아인들이 예수께 와서 자기들과 함께 유하시기를 청하니 거기서 이틀을 유하시매 요 4:39-40

사마리아인들이 예수님께 자기들과 함께 머물며 교제하기를 요청했습니다. 직접 말씀을 들어 보니 너무 좋았던 겁니다. 이전에는 들어 본 적 없는 놀라운 말씀이었습니다.

예수의 말씀으로 말미암아 믿는 자가 더욱 많아 요 4:41

겨자씨 하나가 점점 더 자라며 열매를 맺고 있습니다. 참으로 감격스럽고 가슴 뭉클한 장면이 아닐 수 없습니다.

그리고 이제 이 이야기는 수가성 여인을 고통스럽게 하고 힘들게 한 사마리아 사람들이 그녀와 화해하는 것으로 끝을 맺고 있습니다.

그 여자에게 말하되 이제 우리가 믿는 것은 네 말로 인함이 아니니 이는 우리가 친히 듣고 그가 참으로 세상의 구주신 줄 앎이라 하였더라 요 4:42

무슨 말입니까?

"여인이여 이제 그렇게 애써 증거하려고 노력하지 않아도 돼요. 우리가 다 믿습니다. 그분이 세상의 구주이신 줄 우리가 직접 보고 경험하고 만지고 듣고 느꼈거든요. 우리도 이제 그분이 메시아인 줄 알아요."

예수 믿지 않는 시어머니에게 핍박받은 사람도 있을 것입

생수를 마셔라

니다. 믿지 않는 형제자매에게 핍박받은 사람도 있을 것입니다. 가장 사랑하는 친구에게 복음을 전했다가 곤란을 당한 사람도 있을 것입니다. 그런데 그들이 나중에 예수님을 믿은 뒤 사마리아 사람들과 같은 고백을 하는 걸 들어 본 적 있습니까? 저는 들은 적이 있습니다.

"이제 그렇게 전하려 애쓰지 않아도 돼. 내가 그분을 직접 만나 보았어. 네가 말하려는 게 무엇인지 나도 분명히 알아."

이 말에는 고마운 마음이 담겨 있습니다. 미안한 마음도 담겨 있습니다. 그리고 대단한 믿음이 담겨 있습니다.

이제 우리가 할 일은 이것입니다.

그런즉 너희는 먼저 그의 나라와 그의 의를 구하라 그리하
면 이 모든 것을 너희에게 더하시리라 마 6:33

주님을 만나 치료받고 회복되고 기쁨이 넘치고 변화받았다
면 나를 구원하신 주님을 증거하는 것, 이것이 먼저 그의 나라
와 그의 의를 구하는 일입니다. 그때에 이제까지 맛보지 못한
충만한 기쁨이 하늘로부터 오게 될 것을 믿습니다. 하나님 마
음을 시원케 해드리니까 하나님께서 그냥 너무 좋으셔서 내가
이 땅에서 구하던 모든 것을 더해 주시는 역사가 일어날 줄 믿
습니다.

너희는 넉 달이 지나야 추수할 때가 이르겠다 하지 아니하
느냐 그러나 나는 너희에게 이르노니 너희 눈을 들어 밭을
보라 희어져 추수하게 되었도다 요 4:35

무슨 밭을 보라는 겁니까? 예수님을 몰라서 방황하는 영혼
들을 보라는 겁니다. 나라가 아픈 만큼, 가정이 아픈 만큼, 사
람들이 아픈 만큼 추수할 때가 된 영혼들을 볼 수 있어야 합니

다. 우리는 추수하려면 때가 있다고 생각합니다. 하지만 만일 내일 당장 그 영혼이 어떻게 되면 어떡합니까? 주께서 지금이 추수할 때라면 그런 줄 믿어야 합니다.

얼마 전 우리 교회 블레싱(Blessing) 전도축제 전 주에 성도들 중 예수님을 영접하겠다고 결심한 사람이 600명이 넘었습니다. 그 중 전도폭발을 오랫동안 이끈 장로님도 구원 초청 시간에 일어나서 교역자들이 놀랐습니다. 이미 예수님을 영접하셨는데 왜 일어나셨느냐고 여쭤 봤더니 뜨거운 마음을 주체할 수 없었다고 말씀하셨습니다. 그 뜨거운 마음으로, 그 감격으로 사마리아성으로 가시기를 바랍니다. 하나님께서 "It is time, 지금이 때다"라고 말씀하십니다. 한 영혼을 구원하는 것이 한 동네를 구원하는 것이고, 한 민족을 구원하는 것이며, 한 나라를 구원하는 것입니다. 이것을 믿으시기 바랍니다.

섬김은 구원의 열매 중 하나입니다. 예수님을 사랑하면 예수님을 자랑하게 되어 있습니다. 오늘도 부르신 자리에서 예수님을 힘껏 자랑하는 우리 모두가 되기를 바랍니다.

뿌리는 자나 거두는 자가

함께 기뻐하는 것이 하나님 나라입니다.

하나님의 구원 역사는 종합예술입니다.

Chapter 6 • 섬김
설교 영상 보기

주님, 목이 마릅니다.

저를 채워 주소서

Drink living water

'만남, 치료, 회복, 기쁨, 변화, 섬김' 이 여섯 가지 주제는 제가 요한복음 4장의 수가성 여인을 깊이 묵상할 때 하나님이 주셨던 것입니다. 이 여섯 가지 주제로 정말 큰 은혜를 경험했습니다. 무엇보다 예수님이 분명한 목적을 가지고 가장 낮은 곳에 버려져 있는 여인을 찾아가 만나 주셨다는 것, 그리고 이 여인이 치유와 회복을 통해 기쁨을 얻고, 전도자의 자리까지 나아가게 되었다는 것이 놀라웠습니다. 이 이야기는 가장 급진적인 복음의 역사를 보여 준다고 생각합니다.

30년 가까이 목회하면서 가장 안타까운 것은 교회 안에 거듭나지 않은 그리스도인이 너무 많다는 사실입니다. 종교적으로 신앙생활을 할 뿐인 사람이 많습니다. 반면에 예수님을 만나서 삶이 변화되어 사람들에게 그리스도의 향기를 발하는 사람은 적습니다. 이 현실을 직시할 때마다 목회자로서 부족함과 책임감을 느끼게 됩니다.

그러나 여전히 하나님의 말씀은 능력입니다. 그렇기 때문에 복음의 핵심인 예수님과 제대로 만나는 사람은 누구든지 급진적인 변화를 경험할 수 있습니다. 특별히 고난이 많은 사람일수록, 상처가 깊은 사람일수록 더 그렇습니다. 내가 붙들 수 있는 가능성의 수가 적은 사람일수록 더욱 그런 것을 경험합니다. 예수님이 일부러 사마리아로 가신 이유입니다.

저는 이 확신 때문에 목회를 합니다. 어떤 때는 사람이 본질적으로 변화할 수 있는가 하며 회의와 절망에 빠지기도 합니다. 전통적이고 종교적으로 하나님을 믿으려는 사람들을 보면 그렇습니다. 그런 사람들이 제직의 자리를 차지하고 심지어는 목회자의 자리를 차지하고 있으면 교회는 병들기 시작합니다.

그래서 예수님은 당신을 배척한 유대 지역을 떠나, 가장 극심한 절망 가운데 있으나 가장 소망을 갈망하는 자들에게 찾아가신 것이 아닌가 합니다. 예수님은 새 술을 새 부대에 담으시려는 혁명을 가장 낮고 천한 곳에서 일으키신 것입니다.

한국 기독교사는 이제 100년이 훌쩍 넘었습니다. 순교의 시대를 거쳐 부흥과 회개의 역사를 경험했으며 급격히 성장하는 교회 성장의 시기도 경험했습니다. 하지만 1980년대 성장의 열매에 취해 있는 동안 한국교회는 이미 기독교 후기 사회로 진입하고 있었습니다. 때로 우리는 이 사실을 인정하기 싫어하는 것 같습니다. 그러나 분명한 것은, 우리 사회는 이미 오래전에 탈기독교 사회로 진입한 서구 사회를 그대로 답습하고 있습니다. 한국교회는 회심의 역사는 점점 줄어들고, 전통적인 그리스도인들로 답보하는 상태에 있습니다.

그러면 소망이 없는 것일까요? 아닙니다. 반대입니다. 문제는 우리가 사마리아 여인처럼 목이 마른가 하는 것입니다.

주님이 "너는 아프다. 교회는 병들었다. 제사장들도 회개해야 한다. 이 생수를 마셔야 한다"고 하실 때 우리도 사마리아 여인처럼 현실을 직시하고 "주님, 그런 생수를 저희에게도 주옵소서"라는 고백이 있는가 하는 것입니다.

주님은 생수를, 즉 복음을 모든 자에게 차별 없이 부어 주겠다고 약속하셨습니다. 문제는 그 생수를 간절히 먹고 싶을 만큼 '내가 목이 마른가' 하는 것입니다. 우리는 영적인 갈증을 느꼈을 때 회개와 부흥, 다시 소생하는 역사를 경험할 수 있습니다. 생수가 없는 것이 문제가 아니라, 목이 마른 영적인 상태를 느끼지 못하는 것이 문제입니다. 그것이 실제적인 절망입니다.

그러나 우리 손에 여전히 성경이 있고, 이 진리를 깨우쳐 주시는 성령의 역사가 있는 한 우리는 다신 한 번 주님 앞에 무릎 꿇을 수 있습니다. 우리 모두 날마다 주님이 주시는 생수 앞에 "주님, 제가 목이 마릅니다. 저를 채워 주소서"라는 고백으로 나아갔으면 좋겠습니다.

마지막으로 이 수가성 여인의 이야기를 증거하면서 '우물가의 여인처럼'이라는 찬양을 많이 불렀습니다. 다 같이 손을 높이 들고 "오오 주님 채우소서 나의 잔을 높이 듭니다"를 부를 때 성령께서 얼마나 강하게 역사하시는지 눈물을 흘리지 않는 성도가 없을 정도였습니다.

그러나 우리는 그 높이 든 잔을 비우고 있습니까? 저는 거기에 답이 있다고 생각합니다. 주님이 주시는 생수를 받기 전에 오염된 물을 버려야 합니다. 나의 자아를 내려놓아야 합니다. 그래야 가득 채움을 받습니다. 수가성 여인은 그 믿음을 보여 주었습니다. 당신은 어떠십니까?

다시 한 번 우리에게 영원히 목마르지 않을 생수를 주시는 예수 그리스도의 이름으로 당신을 축복합니다.

생수를 마셔라